ULRICH SCHWAB

GRAND PRIX 1981

Die Rennen zur Automobilweltmeisterschaft

MOTORBUCH VERLAG STUTTGART

Fotos im Innenteil:

Jutta Fausel	6
Daniel Reinhard	10
Josef Reinhard	2
Renault	1
Giancarlo Selna	2
A. Westendorp	1
Ulrich Schwab	102

Unter Mitarbeit
von Ingeborg Schwab

ISBN 3-87943-821-8

1. Auflage 1981

Eine Abteilung des Buch- und Verlagshauses Paul Pietsch GmbH & Co. KG.

Satz und Druck: Druckerei Carle, 7143 Vaihingen/Enz.
Bindung: Verlagsbuchbinderei Karl Dieringer, 7000 Stuttgart.
Printed in Germany.

Inhalt

Formel 1

Gültigkeit:	1. Januar 1966 bis 31. Dezember 1970 1. Verlängerung: 1. Januar 1971 bis 31. Dezember 1975 2. Verlängerung: 1. Januar 1976 bis 31. Dezember 1981 3. Verlängerung: 1. Januar 1982 bis 31. Dezember 1984
Zugelassene Fahrzeuge:	Einsitzige Rennwagen mit Hubkolbenmotoren ohne Aufladung bis 3000 cm³* Hubkolbenmotoren mit Aufladung bis 1500 cm³* * max. Zylinderzahl ab 1. Januar 1972: 12 Rotationskolbenmotoren oder Turbinen unter Anwendung von Äquivalenzformeln
Mindestgewicht mit Öl und Wasser, ohne Kraftstoff und Ballast:	1. Jan. 1966 bis 31. Dez. 1969: 500 kg 1. Jan. 1970 bis 31. Dez. 1971: 530 kg 1. Jan. 1972 bis 31. Dez. 1972: 550 kg 1. Jan. 1973 bis 4. März 1981: 575 kg 5. März 1981 bis 31. Dez. 1984: 585 kg
Vorgeschriebene Ausrüstung:	Rückwärtsgang, automatischer Anlasser, Überrollbügel, Zweikreisbremsanlage, Ölsammler (3 l) ab 1. Januar 1969: automatischer oder manueller Stromkreisunterbrecher ab 1. März 1969: zwei manuelle Feuerlöschsysteme für Cockpit und Kraftstoffzufuhr (Füllmenge insgesamt 5 kg), verstärkter Überrollbügel ab 1. Januar 1972: eine Rückleuchte ab 1. Januar 1974: die Feuerlöschsysteme müssen im Innern der Hauptzelle untergebracht sein ab 1. Mai 1976: zweiter Überrollbügel im Bereich des Armaturenbretts. Der Sturzhelm darf die Verbindungslinie zwischen den Überrollbügeln nicht überragen ab 1. Mai 1976: stoßsichere Struktur vor den Pedalen ab 1. Mai 1976: Ölleitungen und Ölkühler müssen mit einer 10 mm dicken verformbaren Struktur ummantelt bzw. verkleidet sein ab 1. Mai 1976: Ölkühler dürfen nicht weiter hinten plaziert sein als das hinterste Gußteil (Getriebe oder Hinterachsgehäuse)
Karosserie- und Fahrgestellabmessungen:	max. Breite zwischen Vorder- und Hinterachse: 1400 mm max. Abstand der Kraftstoff-, Öl- und elektrischen Leitungen von der Fahrzeuglängsachse: 600 mm (keine Verlegung im Bereich der Kraftstofftanks und Knautschzonen) ab 1. Mai 1976: max. Bugüberhang: 1200 mm max. Hecküberhang: 800 mm max. Vorderradbreite: 21 ″ max. Hinterradbreite: 21 ″ max. Hinterrad-Felgendurchmesser: 13 ″ max. Wagenbreite: 2150 mm max. Rumpfhöhe: 800 mm über Chassisunterkante max. Höhe Airboxöffnung: 800 mm über Chassisunterkante max. Airboxhöhe: 850 mm über Chassisunterkante ab 5. März 1981: Bodenfreiheit: 60 mm
Abmessungen der Verkleidungen und aerodynamischen Hilfsmittel (unbeweglich):	max. Breite vor der Vorderachse: 1500 mm max. Höhe vor der Vorderachse: Felgenoberkante max. Breite hinter der Vorderachse: 1100 mm max. Höhe hinter der Vorderachse: 800 mm über Chassisunterkante max. Abstand von der Hinterachse: 1000 mm ab 1. Mai 1976: max. Abstand von der Hinterachse: 800 mm
Zugelassener Kraftstoff:	für Kolbenmotoren handelsüblicher Tankstellenkraftstoff, für Turbinen Kerosin
Dauer eines Formel-1-Rennens:	Die Dauer eines Formel-1-Rennens soll 325 km oder 2 Stunden – jeweils das kürzere – nicht überschreiten. Reichen 2 Stunden nicht für die volle Distanz, ist der Sieger nach der Runde, in der die Zeit abläuft, abzuwinken

Rennställe

Marlboro Team Alfa Romeo
Mario Andretti, Bruno Giacomelli

Team Ragno Beta Arrows
Riccardo Patrese, Siegfried Stohr
(Jacques Villeneuve)

ATS Racing
Jan Lammers, Slim Borgudd

Parmalat Racing Team Brabham
Nelson Piquet, Hector Rebaque

Ensign Racing
Marc Surer, Eliseo Salazar

Sefac Automobili Ferrari S.p.A.
Gilles Villeneuve, Didier Pironi

Fittipaldi Automotive
Keijo Rosberg, Chico Serra

Essex/John Player Team Lotus
Elio de Angelis, Nigel Mansell

RAM March Grand Prix Racing
Derek Daly, Eliseo Salazar

Marlboro McLaren International
John Watson, Andrea de Cesaris

Denim Osella
Beppe Gabbiani, Miguel Guerra, J.-P. Jarier
(Piercarlo Ghinzani, Giorgio Francia)

Equipe Renault Elf
Rene Arnoux, Alain Prost

Equipe Talbot Ligier Gitanes
Jacques Laffite, J.-P. Jabouille, Patrick Tambay
(Jean-Pierre Jarier)

Theodore Racing
Patrick Tambay, Marc Surer

Candy Toleman Motorsport
Brian Henton, Derek Warwick

Team Tyrrell
Eddie Cheever, Michele Alboreto
(Ricardo Zunino, Kevin Cogan)

TAG Saudia Leyland Williams
Alan Jones, Carlos Reutemann

(–) gelegentlich eingesetzte Fahrer

Fahrer

Fahrerwechsel

Mit der nüchternen Feststellung »Genug ist genug« leitete Jody Scheckter, der geschlagene Weltmeister des Jahres 1979, im Spätherbst 1980 die jährliche Neuformierung vieler Rennställe ein und zog sich selber ins Privatleben zurück. Sein Platz neben dem Ferrari-Kronprinzen Gilles Villeneuve übernahm der frühere Ligier-Fahrer Didier Pironi, den nicht nur der Commendatore für ein großes Talent und einen würdigen Nachfolger hielt – im Kampfgeist nahm es der junge Franzose mit dem abgetretenen Champ jedenfalls leicht auf.
Ein anderer Weltmeister, Mario Andretti, verließ nach zweijährigem Mißerfolg ebenfalls sein Team. Im Gegensatz zu Scheckter blieb er jedoch im Geschäft und übertrug lediglich sein Vertrauen von Lotus auf Alfa Romeo, wo nach dem Tod von Patrick Depailler in Hockenheim ohnehin nur die »Gastarbeiter« Vittorio Brambilla und Andrea de Cesaris tätig waren. Als Italoamerikaner wollte er sich bei seinen früheren Landsleuten wie zu Hause fühlen – und mehr als nur einmal in einer ganzen Saison punkten.
Alan Jones, der »regierende« Weltmeister, und sein Markengefährte Carlos Reutemann hatten dagegen keinen Grund, ihren Teamchef Frank Williams, Konstrukteur Patrick Head und so hochwertiges technisches Gerät wie den Williams FW 07 B zu verlassen. Genauso erging es Vizeweltmeister Nelson Piquet mit Bernard Ecclestone, Brabham-Konstrukteur Gordon Murray und dem BT 49, den er wieder im Gespann mit Hector Rebaque fuhr, während Renault als zweites französisches Team einen bewährten Fahrer verlor. Nach seinem schweren Unfall in Montreal im vergangenen Herbst wechselte Jean-Pierre Jabouille zu Talbot Ligier, ersetzte dort den nach Italien abgewanderten Didier Pironi und überließ seinen Drive dem früheren McLaren-Fahrer Alain Prost. Aufgrund der Schwierigkeiten, die ihm seine vielfach gebrochenen Beine bei Schwerstarbeit im Cockpit immer noch bereiteten, kamen an seiner Stelle aber auch Jean-Pierre Jarier und Patrick Tambay zum Einsatz. Jarier bestritt für ihn die ersten beiden Rennen der Saison und der zuvor bei Theodore aktive Tambay trat beim Großen Preis von Frankreich sogar die Nachfolge des später zum Rennleiter ernannten Jabouille an. Rene Arnoux und Jacques Laffite blieben Renault und der Equipe Ligier Gitanes, die seit ihrer Übernahme durch den französischen Automobilkonzern Equipe Talbot Ligier Gitanes hieß, treu.
Nach Andrettis Abgang rückten bei Lotus Elio de Angelis vom Zweitfahrer zur Nummer eins und Nigel Mansell vom Reservefahrer zur Nummer zwei auf. Einen ähnlichen Aufstieg erlebten Keijo »Keke« Rosberg bei Fittipaldi, wo Chico Serra die zweite Fahrerstelle übernahm, und der ehemalige Tyrrell-Fahrer Derek Daly vor Eliseo Salazar bei March. Der zweifache Exweltmeister Emerson Fittipaldi (1972 und 1974) hatte wie Scheckter seinen Abschied genommen und March war nach Notverkäufen an ATS und langen Jahren der Abstinenz wieder in die Formel 1 zurückgekehrt. Beide Teams hatten einen schweren Stand und Fittipaldi mußte zwischendurch sogar pausieren.
Auf besonderen Wunsch der Geldgeber Ragno (italienische Keramiken) und Marlboro International lösten Siegfried Stohr und Andrea de Cesaris die Arrows- und McLaren-Zweitfahrer Jochen Mass und Alain Prost ab. Die Mannschaftskapitäne Riccardo Patrese und John Watson blieben dagegen ebenso im Amt wie zunächst Lammers bei ATS. Nach nur vier Rennen wurde der Holländer allerdings durch Slim Borgudd, den früheren Schlagzeuger der schwedischen Popgruppe ABBA, die ihn auch sponserte, ersetzt, und gleich die ganze Mannschaft – J.-P. Jarier und Derek Daly – tauschte der britische Rennstallbesitzer Ken Tyrrell gegen den letztjährigen Osella-Fahrer Eddie Cheever und den italienischen Nachwuchsfahrer Michele Alboreto aus. Osella selbst trat mit Beppe Gabbiani, Miguel Guerra (in den ersten

fünf Rennen) und Jean-Pierre Jarier (in den letzten sieben Rennen) an, bei Ensign, wo 1980 Clay Regazzoni und Jan Lammers fuhren, wechselten sich Marc Surer und Eliseo Salazar ab, bei Theodore – 1980 mit Kevin Cogan und Goeff Lees – Patrick Tambay und Marc Surer. Toleman wagte den Sprung in die nächsthöhere Formel mit dem frischgebackenen Formel-2-Europameister Brian Henton und Derek Warwick.

Steckbriefe

Michele Alboreto, 25, geb. 23. 12. 1956 in Mailand, Italiener, 9 GP (1981), Tyrrell

Mario Andretti, 41, geb. 28. 2. 1940 in Montona/Italien, Amerikaner, 125 GP (1968–1981), 12 GP-Siege, Weltmeister 1978 auf Lotus, 1981 von Lotus zu Alfa Romeo

Elio de Angelis, 23, geb. 20. 3. 1958 in Rom, Italiener, 43 GP (1979–1981), 1980 von Shadow zu Lotus

Rene Arnoux, 33, geb. 4. 7. 1948 in Grenoble, Franzose, 47 GP (1978–1981), 2 GP-Siege, 1979 von Martini zu Renault

Slim Borgudd, 35, geb. 25. 11. 1946 in Karlmaa, Schwede, 8 GP (1981), ATS

Andrea de Cesaris, 22, geb. 31. 5. 1959 in Rom, Italiener, 16 GP (1980–1981), 1981 von Alfa Romeo zu McLaren

Eddie Cheever, 23, geb. 10. 1. 1958 in Phoenix/Arizona, Amerikaner, 24 GP (1978–1981), 1981 von Osella zu Tyrrell

Derek Daly, 28, geb. 11. 3. 1953 in Dublin, Ire, 34 GP (1978–1981), 1981 von Tyrrell zu March

Beppe Gabbiani, 24, geb. 2. 1. 1957 in Piacenza, Italiener, 3 GP (1981), Osella

Bruno Giacomelli, 29, geb. 10. 9. 1952 in Poncarale, Italiener, 38 GP (1977–1981), 1979 von McLaren zu Alfa Romeo

Miguel Guerra, 28, geb. 31. 8. 1953 in Buenos Aires, Argentinier, 1 GP (1981), Osella

Brian Henton, 35, geb. 19. 9. 1946 in Donington, Engländer, 5 GP (1975, 1977, 1981), Toleman

Jean-Pierre Jabouille, 39, geb. 1. 10. 1942 in Paris, Franzose, 49 GP (1975–1981), 2 GP-Siege, 1981 von Renault zu Talbot Ligier

Jean-Pierre Jarier, 35, geb. 10. 7. 1946 in Charenton, Franzose, 105 GP (1971–1981), Talbot Ligier und Osella

Alan Jones, 35, geb. 2. 11. 1946 in Melbourne, Australier, 96 GP (1975–1981), 12 GP-Siege, Weltmeister 1980 auf Williams, 1978 von Shadow zu Williams

Jacques Laffite, 38, geb. 21. 11. 1943 in Magny-Cours, Franzose, 106 GP (1974–1981), 6 GP-Siege, 1976 von Williams zu Ligier

Jan Lammers, 25, geb. 2. 6. 1956 in Zandvoort, Holländer, 20 GP (1979–1981), 1981 von Ensign zu ATS

Nigel Mansell, 28, geb. 8. 8. 1953 in Upton-on-Severn, Engländer, 15 GP (1980–1981), Lotus

Riccardo Patrese, 27, geb. 17. 4. 1954 in Padua, Italiener, 66 GP (1977–1981), 1978 von Shadow zu Arrows

Nelson Piquet, 29, geb. 17. 8. 1952 in Sao Paulo, Brasilianer, 49 GP (1978–1981), 6 GP-Siege, Weltmeister 1981 auf Brabham, seit 1978 bei Brabham

Didier Pironi, 29, geb. 26. 3. 1952 in Villecresne, Franzose, 60 GP (1978–1981), 1 GP-Sieg, 1981 von Ligier zu Ferrari

Alain Prost, 26, geb. 24. 2. 1955 in Saint-Chamond, Franzose, 26 GP (1980–1981), 3 GP-Siege, 1981 von McLaren zu Renault

Hector Rebaque, 25, geb. 5. 2. 1956 in Mexico City, Mexikaner, 42 GP (1977–1981), 1980 von Team Rebaque zu Brabham

Carlos Reutemann, 39, geb. 12. 4. 1942 in Santa Fé, Argentinier, 144 GP (1972–1981), 11 GP-Siege, 1980 von Lotus zu Williams

Keijo Rosberg, 33, geb. 6. 12. 1948 in Stockholm, Finne, 36 GP (1978–1981), 1980 von Wolf zu Fittipaldi

Eliseo Salazar, 27, geb. 14. 11.1954 in Santiago, Chilene, 9 GP (1981), March und Ensign

Chico Serra, 24, geb. 3. 2. 1957 in Sao Paulo, Brasilianer, 6 GP (1981), Fittipaldi

Siegfried Stohr, 29, geb. 10. 10. 1952 in Rimini, Italiener, 9 GP (1981), Arrows

Marc Surer, 30, geb. 18. 9. 1951 in Arisdorf, Schweizer, 23 GP (1979–1981), 1981 von ATS zu Ensign und Theodore

Patrick Tambay, 32, geb. 25. 6. 1949 in Cannes, Franzose, 49 GP (1977–1979, 1981), Theodore und Talbot Ligier

Gilles Villeneuve, 29, geb. 18. 1. 1952 in Chambly, Kanadier, 63 GP (1977–1981), 6 GP-Siege, 1977 von McLaren zu Ferrari

Derek Warwick, 27, geb. 27. 8. 1954 in Alresford, Engländer, 1 GP (1981), Toleman

John Watson, 35, geb. 4. 5. 1946 in Belfast, Engländer, 122 GP (1973–1981), 2 GP-Siege, 1979 von Brabham zu McLaren

Ricardo Zunino, 32, geb. 13. 4. 1949 in San Juan, Argentinier, 10 GP (1979–1981), 1981 von Brabham zu Tyrrell

Doppelseite 10/11: Falsche Strategie und Mißachtung der Stallorder brachten Frank Williams und seine Fahrer um die Weltmeisterschaft

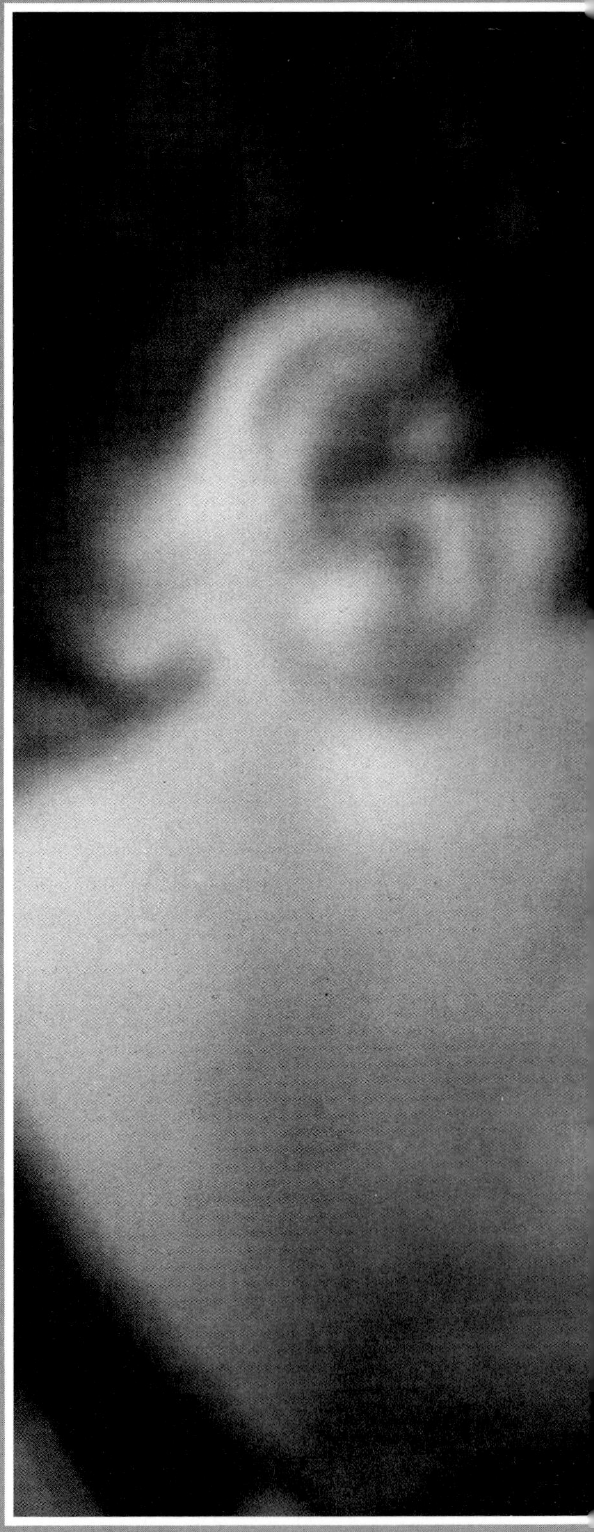

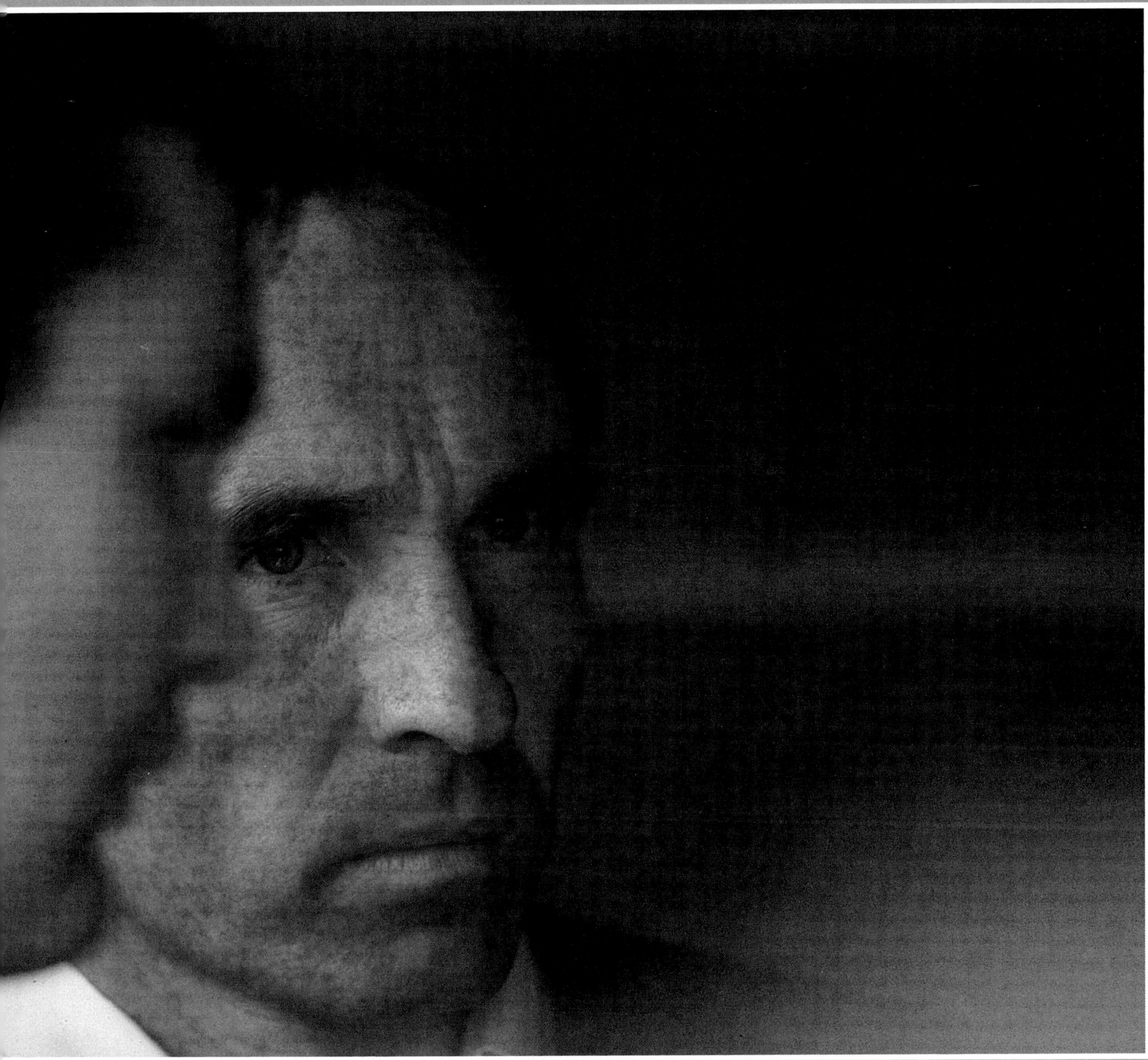

Nelson Souto Maior, genannt Nelson Piquet, Weltmeister 1981

Bruno Giacomelli
Marc Surer
Derek Daly
Jacques Laffite

Mario Andretti
Gilles Villeneuve
Andrea de Cesaris
Patrick Tambay

Riccardo Patrese
Didier Pironi
John Watson
Brian Henton

Siegfried Stohr
Keijo Rosberg
Beppe Gabbiani
Derek Warwick

Slim Borgudd
Chico Serra
Alain Prost
Eddie Cheever

Jan Lammers
Elio de Angelis
Rene Arnoux
Michele Alboreto

Nelson Piquet
Nigel Mansell
Jean-Pierre Jarier
Alan Jones

Hector Rebaque
Eliseo Salazar
Jean-Pierre Jabouille
Carlos Reutemann

Coca-Cola
MICHELIN
Agip

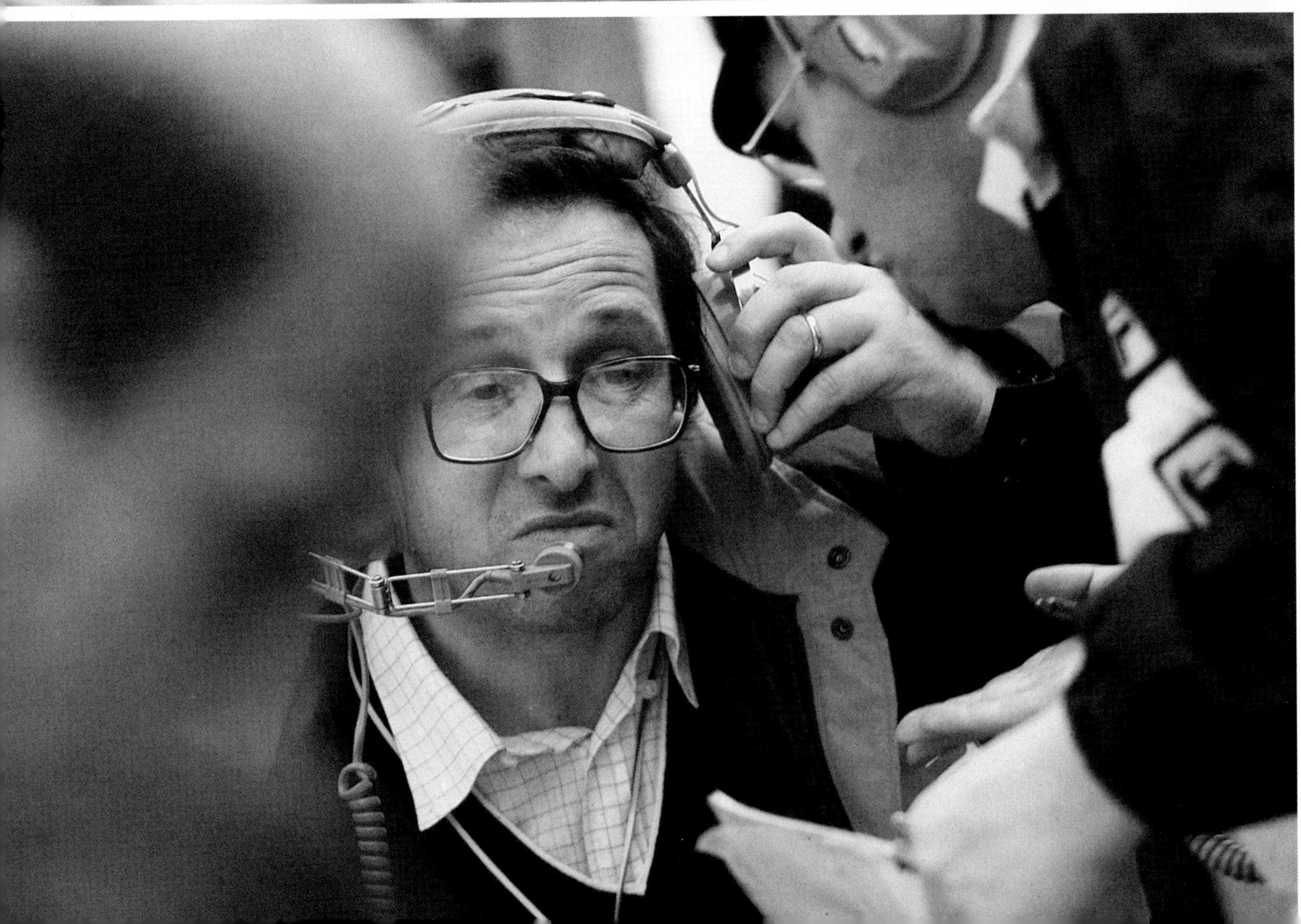

Guter Rat ist teuer: Gilles Villeneuve diskutiert seine Handlingprobleme mit Exweltmeister Jody Scheckter und Ferrari-Chefkonstrukteur Mauro Forghieri

Hoffnungsvoller Start und traurige Rückkehr aus dem Training

Kühlung für die Turbolader an den Boxen

Prominenz: »Mr. Alfa Romeo« Carlo Chiti (oben links), Colin Chapman und Sponsor David Thieme (oben rechts), FISA-Präsident Jean-Marie Balestre (unten), Goodyear-Boss Leo Mehl und Bernie Ecclestone (rechte Seite)

EAGLE
GOODYEAR

Erfolgreiche Franzosen: Jacques Laffite (links) und Alain Prost

elf
ellesse

Wagen

Trickfederungen

In der Winterpause 1976/77 entwickelten Lotus-Konstrukteure unter Leitung des Firmeninhabers Colin Chapman ein erfolgreiches und bald allgemein kopiertes neues aerodynamisches System: mehr Abtrieb durch Ausbildung der ganzen Karosserie zu einem mächtigen negativen Tragflügelprofil und trickreiche Nutzung der Strömungsverhältnisse an seiner Unterseite. Bei den am weitesten fortgeschrittenen »Flügelautos« dienten die herkömmlichen Abtriebsflächen an Bug und Heck praktisch nur noch der Abstimmung auf die jeweilige Rennstrecke.
Mehr Abtrieb bedeutete verbesserte Reifenhaftung durch höhere Radlasten, und die dadurch möglichen Kurvengeschwindigkeiten senkten selbst auf relativ langsamen Kursen wie Long Beach oder Monaco die Rundenzeiten drastisch. Die internationale Sportbehörde nahm diese Entwicklung zum Anlaß, das bestehende Regelwerk gründlich zu revidieren und verlangte als erstes die Abschaffung der vertikal beweglichen »Schürzen« zu beiden Seiten der Karosserie, die durch ihren ständigen Kontakt mit der Fahrbahn wesentlichen Anteil an der Entstehung des Abtriebs hatten.
Der drohende Verlust des »Bodeneffekts«, wie die Konstrukteure den durch Kanalisierung und Beschleunigung des Luftstroms zwischen den seitlichen Dichtungen und im Spalt zwischen dem tiefsten Punkt des negativen Tragflügelprofils und der Fahrbahn entstandenen Unterdruck nannten, blieb natürlich nicht unwidersprochen und führte zu mehr als einjährigen Auseinandersetzungen der beiden Parteien, die schließlich nur durch einen umstrittenen Kompromiß beigelegt werden konnten. Die an anderer Stelle ausführlich beschriebenen Details sahen in diesem speziellen Fall die Zulassung neuer, unbeweglicher und mindestens sechzig Millimeter Bodenfreiheit garantierender Schürzen vor.
Da der Abstand dieser Dichtleisten von der Fahrbahn nur im Stand kontrolliert werden konnte, entwarfen die Konstrukteure sofort Trickfederungen, die diesen Spalt in Fahrt möglichst schlossen. Die einfachste, für die Abstimmung aber auch unvorteilhafteste war die Teilung der Gesamtfederwege in zwei unterschiedlich harte Strecken, die aufwendigste und – wenn sie legalisiert worden wäre – wohl auch wirkungsvollste die Doppelfederung des Lotus 88 für Chassis und Karosserie.

Lotus 88

Der auch sonst mit vielen interessanten Neuerungen wie der erstmals aus einer Kohlefaser-Kevlar-Kombination hergestellten Zelle gespickte Lotus 88 bestand aus zwei ineinandergeschachtelten und weitgehend unabhängig voneinander gefederten Teilen. Die Federung des eigentlichen Chassis mit Zelle, tragender Antriebsgruppe und Radaufhängungen nahm die Beanspruchung durch die Fahrbahn und die aus der Fahrt resultierenden Nick- und Rollbewegungen auf, die der durch Unterzüge verbundenen Seitenteile mit ihren Schürzen und integrierten Profilen den Druck der anströmenden Luft. In Betrieb preßte der Luftstrom die nur schwach gegen Achsschenkel und Radträger abgefederten Seitenteile ohne Einfluß auf die Bewegungen des Chassis gegen die Fahrbahn, und genau dies machte die Schürzen in den Augen der protestierenden Konkurrenten und in ihrem Sinne handelnden Funktionäre beweglich. Darüber hinaus verstieß die Aufhängung gegen die Vorschrift, daß alle aerodynamischen Hilfsmittel den gefederten Massen zugeordnet sein mußten.
In der Praxis setzte sich schließlich die kaum weniger geniale und bei genauerer Prüfung ebenso illegale Lösung des Brabham-Chefkonstrukteurs Gordon

Murray durch. Das hydropneumatische System des bärtigen Südafrikaners arbeitete mit preßluftaktivierten zusätzlichen Hydraulikzylindern, deren Kolben die oberen Querlenker an Vorder- und Hinterachse über Gestänge nach oben drückten und so die vorgeschriebene Bodenfreiheit herstellten. Auf der Strecke wurde das System entlastet und das Chassis sank auf »normale« Arbeitshöhe ab. Ähnliche Trickfederungen mit Zylindern zwischen den oberen Stoßdämpferaugen und Federauflagen oder an den unteren Stoßdämpferaugen folgten dem gleichen Prinzip.

Motoren

Auf dem Motorensektor setzten sich allmählich die Turbos durch: drei Siege für Renault, zwei für Ferrari, ein vielversprechender Auftritt des aufgeladenen Vierzylinders von BMW im Training zum Großen Preis von England. Dieser stolzen Bilanz standen allerdings acht Siege des betagten Dreiliter-Achtzylinders von Cosworth und zwei des neuaufgelegten Dreiliter-Zwölfzylinders von Matra gegenüber. Das große Handicap der an Leistung und Tempo – siebenmal die Pole-position – kaum noch zu übertreffenden Turbos waren noch immer die temperaturempfindlichen Lader, die Leistung selbst wurde im Durchschnitt mit 540 PS beziffert.
Ferrari und BBC testeten im Training der ersten drei Rennen eine bemerkenswerte Turbo-Alternative, den Comprex-Lader. Das anstelle der beiden KKK's montierte Schweizer Aggregat war ein Mittelding zwischen dem klassischen Kompressor und dem modernen Abgasturbolader, das die Vorteile beider Systeme nutzen und die Nachteile vermeiden sollte. So trieb ein Zahnriemen den nach beiden Seiten offenen Läufer des Comprex-Laders drehzahlabhängig von der Kurbelwelle und das gegenüber der Frischluft eingeleitete Abgas »pumpte« in der Art der Zweitakt-Spülung durch seine rhythmischen Schwingungen kräftig mit. Zahnriemenbrüche und die volle Konzentration des Teams auf die besser bekannten und daher schneller erfolgversprechenden Turbolader verhinderten in dieser Saison noch die perfekte Anpassung an den Motor und einen Renneinsatz.
Bei den Saugern dominierte der für bevorzugte Teams inzwischen auf 500 PS gebrachte Ford-Cosworth DFV nicht durch seine weitläufige Verbreitung, sondern durch seine guten Allround-Eigenschaften und seine Zuverlässigkeit – die acht Siege und viele weitere gute Plazierungen wie neun zweite oder sieben dritte Plätze wurden nur von Piquet, Jones, Reutemann und Watson errungen. Der 1967 erstmals eingesetzte und auf Anhieb siegreiche Achtzylinder wurde 1981 zum elftenmal Weltmeister.
Eine weniger ruhmreiche Vergangenheit und neben dem bereitstehenden Turbomotor auch keine Zukunft hatte dagegen der Zwölfzylinder von Alfa Romeo, dessen 520 PS den Anforderungen zwar genügten, das weder aerodynamisch noch sonst besonders gelungene Auto aber nur selten auf gute Startplätze oder in die Punkte brachte – zehn waren die magere Ausbeute beider Fahrer in fünfzehn Rennen.
Mit der gleichen Leistung, wenn man den Angaben des Herstellers glauben durfte, brachte der bei Übernahme des Teams durch Talbot zu Ligier zurückgekehrte Zwölfzylinder von Matra einen der Fahrer, Laffite, immerhin in die Nähe der Weltmeisterschaft. Das schon früher als die kreischende Kreissäge aus Vélizy apostrophierte Triebwerk zeichnete sich allerdings durch ein ungewöhnlich breites Drehzahlband aus und saß in einem der besten Fahrgestelle der Saison.
Als reiner Außenseiter unter den Motorenbauern versuchte sich dann noch Brian Hart mit einer 1,5 Liter-Turbo-Version seines Formel-2-Europameistermotors von 1980. Der britische Tuner und Konstrukteur büchste den Zweiliter-Vierzylinder vom Typ 420 R auf das zulässige Maß herunter und bestückte ihn zunächst mit zwei kleinen und später einem größeren Garrett-Lader. Die Ausgangsleistung des nun Hart 415 T genannten Motors betrug 490 PS. Ständige Modifikationen und schließlich die Verwendung eines mit dem Zylinderkopf einteilig gegossenen »Monobloc«-Zylinderblocks brachten ihn gegen Ende der Saison noch auf 540 PS – und jeden der beiden Fahrer wenigstens einmal ins Rennen.

Grand-Prix-Wagen 1981 (Fahrgestelle)

Typ	Konstrukteur	Zelle	Radstand (mm)	Spurweiten (mm)
Alfa Romeo 179 C	Carlo Chiti	Vollmonocoque Antriebsgruppe tragend	2740	v 1700 h 1500
Arrows A 3 B	Tony Southgate Dave Wass	Vollmonocoque Antriebsgruppe tragend	2629	v 1854 h 1626
ATS HGS (D 5)	Hervé Guilpin	Vollmonocoque Antriebsgruppe tragend	2700	v 1820 h 1690
Brabham BT 49 C	Gordon Murray	Vollmonocoque Antriebsgruppe tragend	2718	v 1702 h 1588
Ensign MN 15	Ralph Bellamy Nigel Bennet	Vollmonocoque Antriebsgruppe tragend	2642	v 1753 h 1626
Ferrari 126 CK	Mauro Forghieri Antonio Tomanini	Vollmonocoque Antriebsgruppe tragend	2700/2850	v 1760/1780 h 1680/1650
Fittipaldi F 8 C	Harvey Postlethwaite	Vollmonocoque Antriebsgruppe tragend	2637	v 1762 h 1829
Lotus 81 B	Martin Ogilvie Peter Wright	Vollmonocoque Antriebsgruppe tragend	2819	v 1803 h 1676
Lotus 87	Martin Ogilvie Peter Wright	Vollmonocoque (Kohlefaser) Antriebsgruppe tragend	2705	v 1778 h 1600
March 811 RM	Robin Herd	Vollmonocoque Antriebsgruppe tragend	2692	v 1727 h 1575
McLaren MP 4	John Barnard	Vollmonocoque (Kohlefaser) Antriebsgruppe tragend	2642	v 1727 h 1676
Osella FA 1 B	Vincenzo Osella Giorgio Stirano	Vollmonocoque Antriebsgruppe tragend	2700	v 1715 h 1650
Renault RE 20 B	Michel Têtu	Vollmonocoque Antriebsgruppe tragend	2860	v 1720 h 1630
Renault RE 30	Michel Têtu	Vollmonocoque Antriebsgruppe tragend	2730	v 1740 h 1630
Talbot Ligier JS 17	Michel Baujon	Vollmonocoque Antriebsgruppe tragend	2780	v 1710 h 1678
Theodore TY 01	Tony Southgate	Vollmonocoque Antriebsgruppe tragend	2743	v 1753 h 1600
Toleman TG 181	Rory Byrne John Gentry	Vollmonocoque Motor ohne Chassisfunktion	2692	v 1715 h 1676
Tyrrell 010	Maurice Phillippe	Vollmonocoque Antriebsgruppe tragend	2692	v 1702 h 1588
Tyrrell 011	Maurice Phillippe	Vollmonocoque Antriebsgruppe tragend	2692	v 1727 h 1575
Williams FW 07 C	Patrick Head	Vollmonocoque Antriebsgruppe tragend	2692	v 1727 h 1600

Reifen* (Zoll)	Reifen-hersteller	Motor	Getriebe	Gewicht (kg)
23/59–13 X 38/66–13 X	Michelin	Alfa Romeo 60° V 12	Alfa Romeo 6 Gänge+R	595
295/40 VR 15 455/30 VR 15	Pirelli	Ford-Cosworth DFV 90° V 8	Hewland FG 400 5 Gänge+R	585
10.0/23.0–13 14.5/26.0–13	Avon	Ford-Cosworth DFV 90° V 8	Hewland FGA 400 5 Gänge+R	585
23.0/10.5–13 26.0/14.5–13	Goodyear	Ford-Cosworth DFV 90° V 8	Hewland FGA 400 5 Gänge+R	586
10.0/23.0–13 14.5/26.0–13	Avon	Ford-Cosworth DFV 90° V 8	Hewland FGA 400 5 Gänge+R	610
23/59–13 X 38/66–13 X	Michelin	Ferrari 1,5 Liter 120° V 6-Turbo	Ferrari 5 Gänge+R	619/625
23/59–13 X 38/66–13 X	Michelin	Ford-Cosworth DFV 90° V 8	Hewland FGA 400 5 Gänge+R	590
23/59–13 X 38/66–13 X	Michelin	Ford-Cosworth DFV 90° V 8	Hewland FGA 400 5 Gänge+R	588
25.0/ 9.5–15 26.0/14.5–13	Goodyear	Ford-Cosworth DFV 90° V 8	Hewland FGA 400 5 Gänge+R	587
10.0/23.0–13 14.5/26.0–13	Avon	Ford-Cosworth DFV 90° V 8	Hewland FGA 400 5 Gänge+R	590
23/59–13 X 38/66–13 X	Michelin	Ford-Cosworth DFV 90° V 8	Hewland FG 400 5/6 Gänge+R	585
23/59–13 X 38/66–13 X	Michelin	Ford-Cosworth DFV 90° V 8	Hewland FGA 400 5 Gänge+R	600
23/59–13 X 38/66–13 X	Michelin	Renault-Gordini 1,5 Liter 90° V 6-Turbo	Hewland FGA 400 5 Gänge+R	615
23/59–13 X 38/66–13 X	Michelin	Renault-Gordini 1,5 Liter 90° V 6-Turbo	Hewland FGA 400 5 Gänge+R	600
23/59–13 X 38/66–13 X	Michelin	Matra 60° V 12	Hewland FGB 400 5 Gänge+R	585
10.0/23.0–13 14.5/26.0–13	Avon	Ford-Cosworth DFV 90° V 8	Hewland FGA 400 5 Gänge+R	589
295/40 VR 15 455/30 VR 15	Pirelli	Hart 1,5 Liter R 4-Turbo	Hewland FGB 400 5 Gänge+R	592
10.5/23.0–13 14.5/26.0–13	Avon	Ford-Cosworth DFV 90° V 8	Hewland FGA 400 5 Gänge+R	590
10.5/23.0–13 14.5/26.0–13	Avon	Ford-Cosworth DFV 90° V 8	Hewland FGA 400 5 Gänge+R	589
25.0/ 9.5–15 26.0/14.5–13	Goodyear	Ford-Cosworth DFV 90° V 8	Hewland FGA 400 5 Gänge+R	587

* Stand Großer Preis von Deutschland

Grand-Prix-Wagen 1981 (Motoren)

Hersteller	Alfa Romeo	Cosworth Engineering Ltd.	Sefac Automobili Ferrari S.p.A.	Brian Hart Ltd.	Engins Matra S.A.	Régie Nationale des Usines Renault
Typ	Alfa Romeo V 12	DFV	126 C	Hart 415 T	MS 81	Renault-Gordini EF 1
Konstrukteur	Carlo Chiti	Keith Duckworth	Forghieri/Bussi	Brian Hart	Georges Martin	Francois Castaing
Bauform	60° V 12	90° V 8	120° V 6-Turbo	R 4-Turbo	60° V 12	90° V 6-Turbo
Bohrung x Hub (mm)	78,5 x 51,5	85,7 x 64,8	81 x 48,4	81 x 72,6	79,7 x 50	86 x 42,8
Hubraum (cm³)	2991	2990	1496	1496	2993	1492
Kurbelwellentyp	120°	180°	120°	180°	120°	120°
Kurbelwellenlager	7 Gleitlager	5 Gleitlager	4 Gleitlager	5 Gleitlager	7 Gleitlager	4 Gleitlager
Pleuellager	Gleitlager	Gleitlager	Gleitlager	Gleitlager	Gleitlager	Gleitlager
Nockenwellenantrieb	Zahnrad	Zahnrad	Zahnrad	1 Zahnriemen	Zahnrad	2 Zahnriemen
Nockenwellen	4	4	4	2	4	4
Nockenwellenlager	7 Gleitlager	4 Gleitlager	4 Gleitlager	5 Gleitlager	7 Gleitlager	4 Gleitlager
Ventile	48	32	24	16	48	24
Einspritzung	Lucas	Lucas	Lucas	Lucas	Lucas	Kugelfischer
Zündung	Marelli	Lucas	Marelli	Lucas	Marelli	Marelli
Zündkerzen	12	8	6	4	12	6
Schmiersystem	Trockensumpf	Trockensumpf	Trockensumpf	Trockensumpf	Trockensumpf	Trockensumpf
Kühlung	Wasser	Wasser	Wasser	Wasser	Wasser	Wasser
Gewicht (kg)	165	168/147 (Alu/Magnesium)	177	106	178	180
Verdichtung	11	11,5	6,5 (Ladedruck ca. 1,7 bar)	7 (Ladedruck ca. 1,7 bar)	11	7 (Ladedruck ca. 1,7 bar)
Leistung (kW/PS)	383/520	361/490	397/540	361/490	383/520	390/530
Nenndrehzahl (U/min)	12000	10750	11500	9500	12000	11500
Drehmoment (Nm)	333 bei 9500/min	353 bei 9000/min	378 bei 9500/min	385 bei 7500/min	326 bei 9800/min	372 bei 9600/min

Alfa Romeo 179C

Der große Ferrari-Konkurrent brachte den bereits im September 1980 vorgestellten 1,5 Liter V 8-Turbo nicht mehr zum Einsatz und bestritt die ganze Saison mit dem nur noch bedingt konkurrenzfähigen 3 Liter V 12

Arrows A 3 B
ATS HGS (D 5)

Arrows und ATS hatten als Stiefkinder der Reifenindustrie nicht viel zu lachen. Nach dem Goodyear-Rückzug starteten beide Teams mit Michelin, wo sie nur Standardreifen erhielten, und wechselten dann zu Pirelli (Arrows) und Avon (ATS), um dort hauptsächlich Entwicklungshilfe zu leisten

CERAMICHE
MICHELIN
Beta
RAGNO
29
CERAMICHE RAGNO
CHAMPION
OECE

ABBA
ATS
Shell
MICHELIN
9
CHAMPION

parmalat
Agip
PEMEX
parmalat
5
parmalat
BRABHAM
MICHELIN

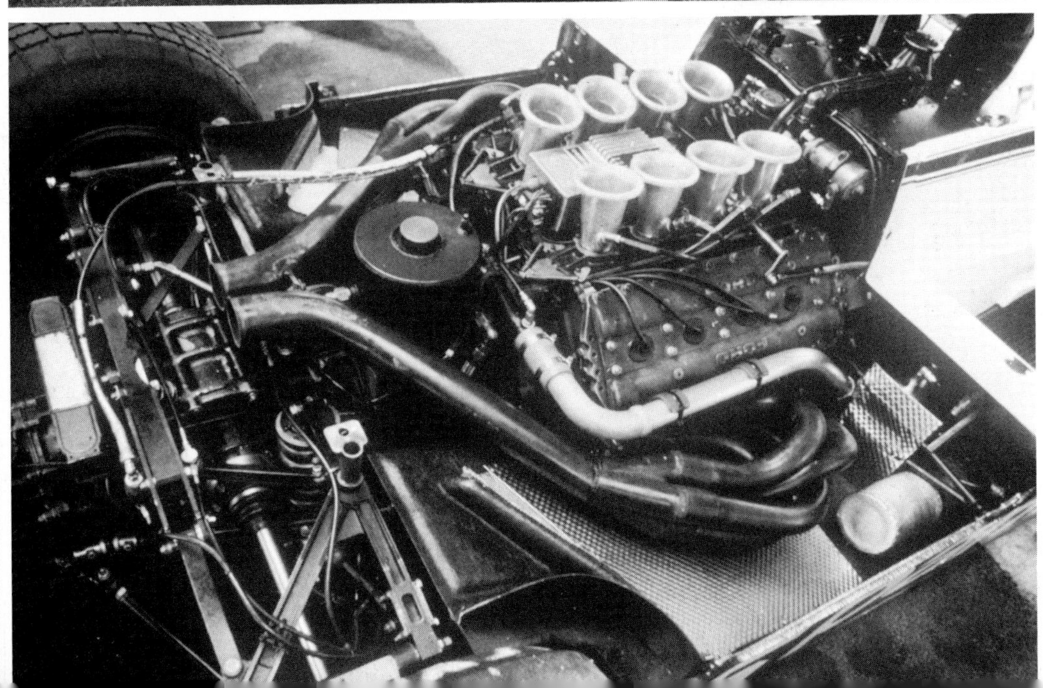

Brabham BT 49 C

Brabham war Wegbereiter der sogenannten »Trickfederungen«, die – meist hydropneumatisch – auf Knopfdruck die vorgeschriebene Bodenfreiheit herstellten. Der Druckluftbehälter war neben Kühler und Feuerlöschern in einem der aerodynamischen Seitenteile untergebracht

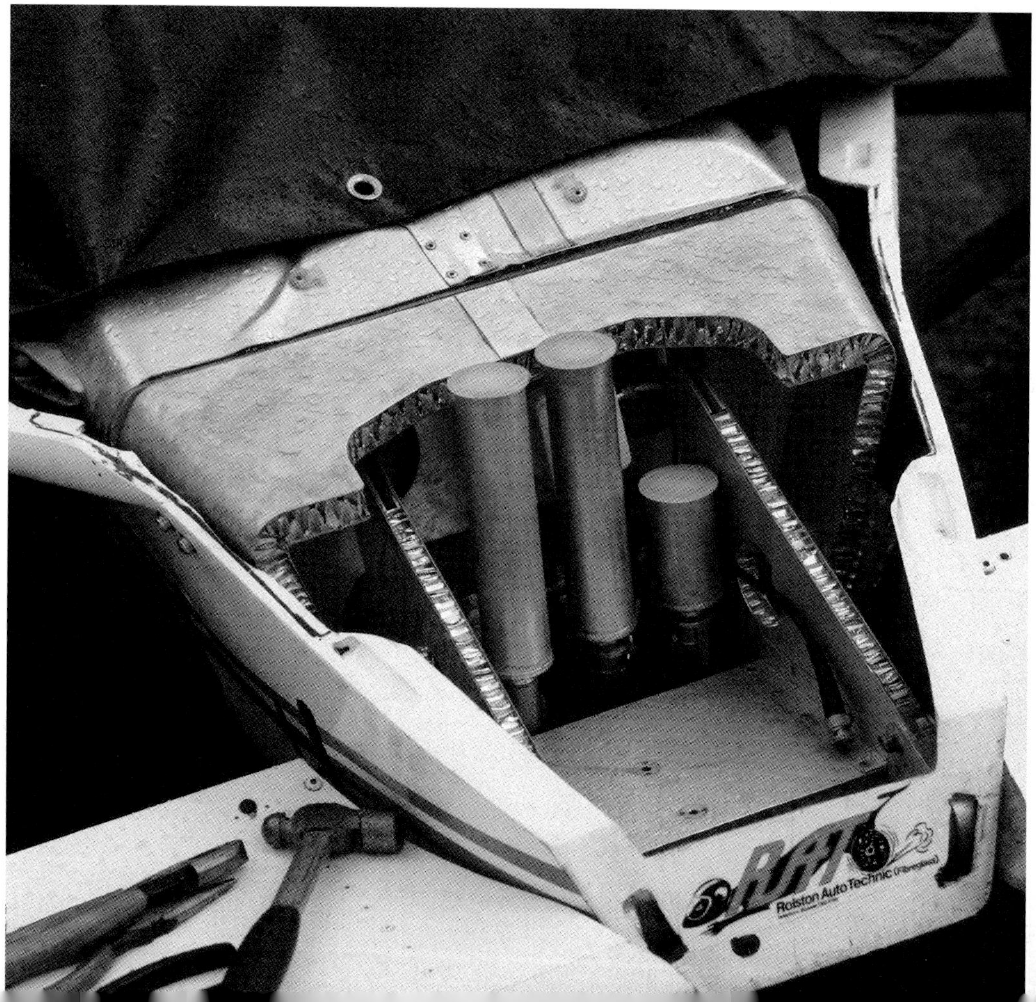

Ensign MN 15
Fittipaldi F 8 C

Beispiele der Zellenkonstruktion: Monocoques aus ungewölbten Leichtmetallblechen und aus einem Leichtmetall-Sandwich

ISM Group ISM
MICHELIN
BULER
WÜRTH WÜRTH
ISM Group
LEPITRE
ABEL LEPITRE
14
ENSIGN
Valvoline
Group
14

ACHILLI MOTORS
Sadia
Marlboro
BRAZILIAN GOODS
PIONEER CAR STEREO
ACHILLI MOTORS
CHAMPION
K Rosberg
PIONEER CAR STEREO
21
21

Ferrari 126 CK

Durch Selbstzündung eines genau dosierten Kraftstoff/Luftgemischs in den rotglühenden Turbinen wurden die beiden Turbolader in Drosselstellung der Gasschieber auf Drehzahl gehalten und verringerten so die Turboverzögerung bei erneutem Lastwechsel

MICHELIN MICHELIN
28
LONGINES
Agip
28
olivetti
Agip
Agip
MICHELIN

Williams FW 07 C

Dieses typische »Flügelauto« war auch im dritten Einsatzjahr noch für vier Grand-Prix-Siege gut

FLY saudia
saudia
Techniques d'Avant Garde
MICHELIN

COSWORTH
COSWORTH

Marlboro
Marlboro
Marlboro
UNIPART
UNIPART
UNIPART
Marlboro
7
MICHELIN
Valvoline
MICHELIN

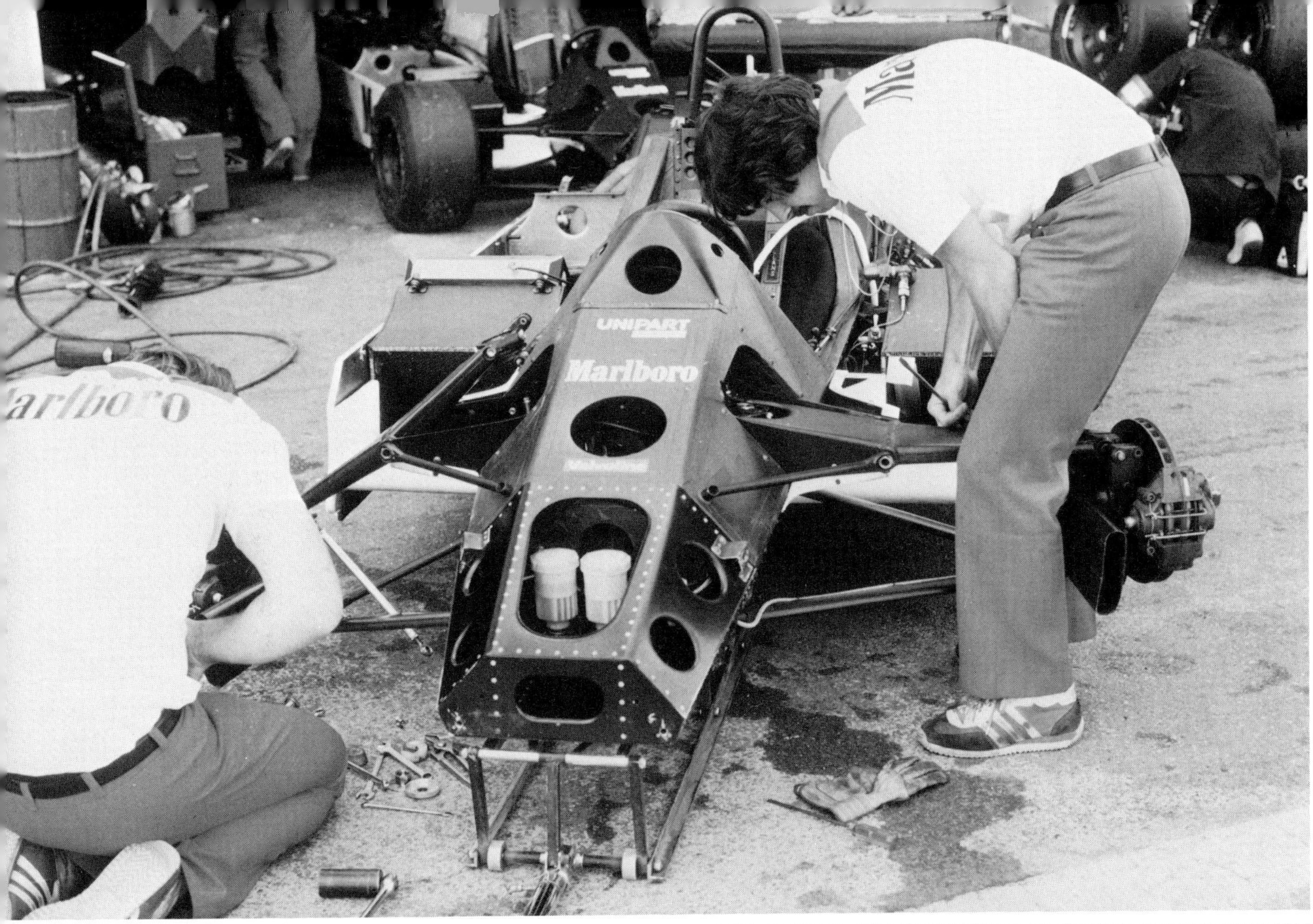

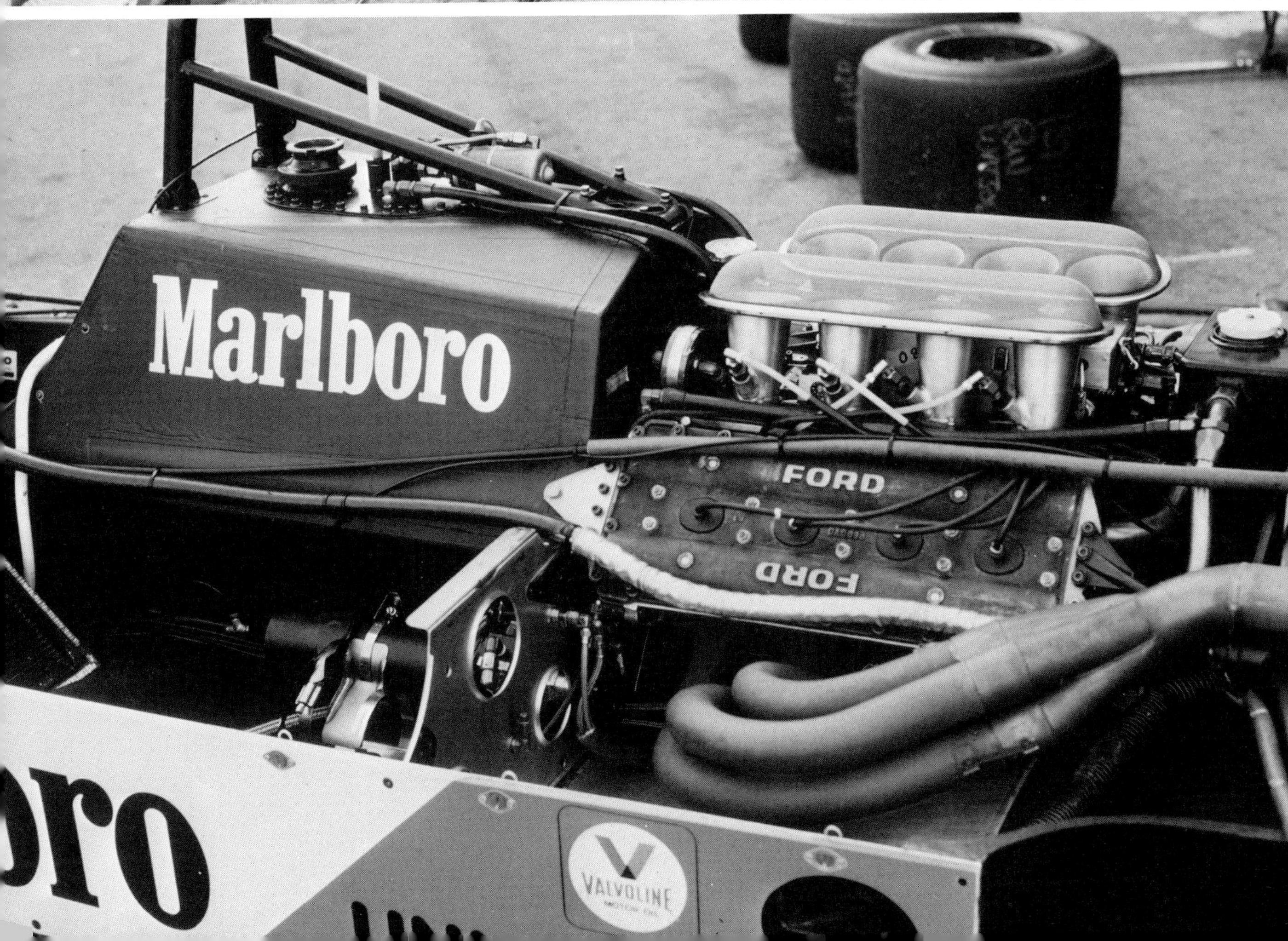

McLaren MP 4

McLaren präsentierte zugleich mit Lotus ein Kunststoff-Monocoque. Als Werkstoff diente geklebte, genietete und stellenweise auch geschraubte Kohlefaser

Lotus 87

Colin Chapman hielt Kohlefaser allein nicht für widerstandsfähig genug und kombinierte sie sowohl beim »illegalen« Lotus 88 als auch beim Nachfolgetyp 87 lagenweise mit Kevlar

ESSEX
ELIO
ESSEX
TISSOT
NGK

NGK
SPARK PLUGS
NGK

FORD
FORD

March 811 RM
Osella FA 1 B

Eine britische und eine italienische Interpretation des Cosworth-Kit-Car-Themas

GUINNESS
GUINNESS
RIZLA + GUINNESS
RIZLA +
GUINNESS
18
18
MICHELIN
Valvoline

DENIM
alpilatte
GAREF
MICHELIN
31
DENIM
FERODO
vitaloni
brembo
IPRA
CHAMPION
alpilatte

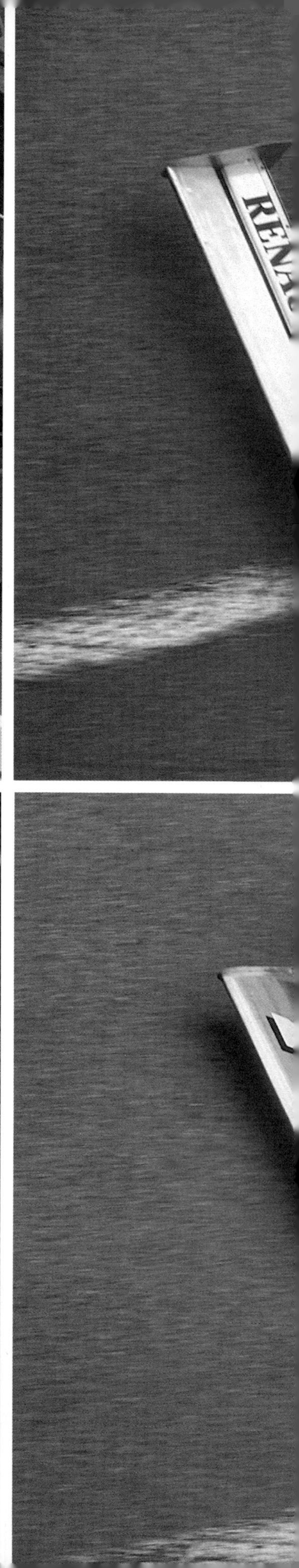

Renault RE 30
Talbot Ligier JS 17

Schnelle Wagen mit unterschiedlichen Motorkonzeptionen: 1,5 Liter V 6-Turbo und 3 Liter V 12-Sauger

MAGNETI MARELLI
elf
15
PROST
LONGINES
MICHELIN
RENAULT elf
MAGNETI MARELLI
RENAULT elf
MICHELIN

TALBOT
TALBOT
MICHELIN
TALBOT GITANES
J.P. JABOUILLE
TALBOT
MATRA
GITANES 25

Toleman TG 181

Vierzylinder-Hart-Turbo in einem modifizierten Formel-2-Chassis

Tyrrell 010 (rechts) und Tyrrell 011

Zwei wenig gelungene Versuche an frühere Erfolge anzuknüpfen

Candy
PIRELLI
CANDY
BP Toleman
A.I.M.A.
DOMESTIC APPLIANCES
Candy
36
PIRELLI

boeri
ALBORETO
Candy
4
CHAMPION
imola CERAMICA
MICHELIN
Tyrrell
4

Theodore TY 01

Tony Southgate konstruierte den eigenwilligen Wagen für den nationalchinesischen Rennstallbesitzer »Teddy« Yipp

Rennen

Startprobleme

Als es vergangenes Jahr um das Verbot der Schürzen zwischen FISA (Fédération Internationale du Sport Automobile) und FOCA (Formula One Constructors Association) sowie deren Präsidenten Jean-Marie Balestre und Bernard Ecclestone zu Auseinandersetzungen kam, die nur durch immer wieder neue Kompromisse vorübergehend beigelegt werden konnten, hielten mit der Zeit auch die größten Optimisten eine Spaltung der Formel 1 in zwei getrennte Wettbewerbe – die reguläre Weltmeisterschaft unter der Sporthoheit der FISA und eine »Rebellenweltmeisterschaft« nach den Vorstellungen der FOCA – nicht mehr für unmöglich. Beide Verbände veröffentlichten im November 1980 sogar sich überschneidende eigene Terminkalender mit zum Teil völlig neuen Veranstaltungen. Für die der FISA nahestehenden Teams Alfa Romeo, Ferrari, Osella, Renault, Talbot Ligier und Toleman sollte die Weltmeisterschaft am 25. Januar in Buenos Aires beginnen und für die FOCA-Teams Arrows, ATS, Brabham, Ensign, Fittipaldi, Lotus, March, McLaren, Theodore, Tyrrell und Williams am 7. Februar in Kyalami.

Doch die von beiden Parteien mit großem Aufwand vorbereitete Trennung in die 1981 FIA Formula 1 World Championship und eine 1981 FOCA World Professional Drivers Championship kam nie zustande. Zu viele der Sponsoren, die Ecclestone und die FOCA auf ihrer Seite wähnten, waren plötzlich nicht mehr zu Investitionen in eine private Rennserie bereit. Ähnlich erging es der FOCA mit abspringenden Veranstaltern, die trotz bestehender Verträge dem Beispiel des für den Großen Preis der USA 1 in Long Beach zuständigen Sports Car Club of America folgten und neue Vereinbarungen mit der FISA trafen. Als am 4. Dezember in Akron, Ohio, dann noch Goodyear, der Reifenlieferant der meisten Teams, aus Verärgerung über die verfahrene Situation seinen Rücktritt von der Formel 1 erklärte, drängte es selbst die härtesten Verfechter des jeweiligen Kurses wieder an den Verhandlungstisch.

Dem monatelangen Ringen, das mit der üblichen Beschimpfung des Gegners begann, sich zu einer Flut von Statements steigerte und in Kompromissen von höchst zweifelhafter Qualität gipfelte, fiel am 25. Januar zuerst der von der FISA geplante Saisonauftakt in Buenos Aires zum Opfer. Dann verlor das am 7. Februar nur von den FOCA-Teams mit noch beschürzten Wagen bestrittene Rennen in Kyalami den Weltmeisterschaftsstatus und endlich büßten auch die Fahrzeuge der »Rebellen« die so lange und heftig umstrittenen Schürzen der seitherigen Bauart ein. Am 4. März einigten sich die beiden Verbände auf einen neuen gemeinsamen Terminkalender, nach dem die Weltmeisterschaft am 15. März in Long Beach beginnen konnte, und neue, im sogenannten »Concorde Agreement« festgehaltene Austragungsbedingungen. Die wichtigsten Punkte des bis 31. Dezember 1984 gültigen Abkommens:

1. Die FIA behält die internationale Sporthoheit und die FISA bleibt ausführendes Organ
2. Die FOCA und die Formel-1-Hersteller respektieren den Status der FIA uneingeschränkt, im besonderen aber bestätigen sie der FIA das Recht am Titel des Wettbewerbs (1981 FIA Formula 1 World Championship), das Urheberrecht am Reglement und das Recht, alle Wertungsläufe zu organisieren
3. Die FOCA verhandelt im Auftrag der FISA mit Veranstaltern und Fernsehgesellschaften. Die ausgehandelten Verträge müssen durch die FISA und den jeweils zuständigen nationalen Automobilsportverband bestätigt werden
4. Die für Streitfälle zuständige Formel-1-Kommission setzt sich aus drei FOCA-Mitgliedern, drei Vertretern der Formel-1-Hersteller, zwei von der FIA bestimmten europäischen Grand-Prix-Veranstaltern, zwei von der FIA bestimmten außereuropäischen Grand-Prix-Veranstaltern, zwei Sponsoren der Formel-1-Hersteller, dem (nicht stimmberechtigten) regierenden Weltmeister und einem Mitglied des FISA-Exekutivkomitees zusammen

5. Der alte Wertungsmodus von je fünf gewerteten Läufen in der ersten und zweiten Saisonhälfte wird durch die Wertung der Hälfte aller Rennen plus drei ersetzt. Bei einer ungeraden Anzahl von Rennen wird aufgerundet. Für 1981 zählen also acht plus drei der fünfzehn Rennen
6. Der FOCA werden für jedes Rennen 18 Trainingsplätze garantiert
7. Anstelle der seitherigen beweglichen Schürzen sind unbewegliche von maximal 60 Millimeter Höhe und sechs Millimeter Dicke zulässig. Auch bei Anwendung einer hydraulischen, pneumatischen oder hydropneumatischen Niveauregelung darf im Ruhezustand ein Abstand von 60 Millimetern zwischen Schürzen und Fahrbahn nicht unterschritten werden
8. Das Verbot sechsrädriger oder vierradgetriebener Wagen entfällt
9. Die geplante Einführung ebener Wagenböden und kleinerer Kraftstofftanks wird bis 31. Dezember 1984 ausgesetzt
10. Die Abwesenheit eines der drei ersten bei der Siegerehrung eines Rennens wird mit 5000 Dollar bestraft
11. Die Abwesenheit des Weltmeisters bei der Siegerehrung in Paris wird mit 10000 Dollar bestraft

Noch am Tag der Unterzeichnung dieses Dokuments fand auch das Versorgungsproblem der früheren Goodyear-Fahrer, die immerhin zwei Drittel des Feldes ausmachten, eine vorübergehende Lösung. Michelin bot allen Teams, die davon Gebrauch machen wollten, für die ersten drei Rennen je vier gleiche Reifensätze pro Wagen und je drei Sätze Regenreifen pro Team an. Ohne diesen Beitrag wäre das ganze wohl nicht so schnell in Gang gekommen.

Bei Trainingsbeginn am 13. März in Long Beach standen die vierzig Einsatz- und Reservewagen tatsächlich auch ausnahmslos auf Michelins: drei Alfa Romeo 179 C, drei Arrows A 3, ein ATS D 4, drei Brabham BT 49 C, ein Ensign MN 15 (N 180 B), zwei Ferrari 126 CK (mit KKK-Turboladern), ein Ferrari 126 CX (mit Comprex-Kompressor), zwei Fittipaldi F 8 C, zwei Lotus 81 B, zwei March 811 RM, drei McLaren M 29 F, ein McLaren MP 4, zwei Osella FA 1 B, drei Renault RE 20 B, drei Talbot Ligier JS 17, ein Theodore TY 01, drei Tyrrell 010, drei Williams FW 07 C und – der Lotus 88.

Dieser Wagen, neben dem Comprex-Ferrari 126 CX und dem Kohlefaser-McLaren MP 4 die einzige Neuerscheinung zum verspäteten Saisonauftakt, stellte die neue Union gleich auf eine harte Probe, versuchten doch seine Konstrukteure damit das Schürzenverbot auf elegante Weise zu umgehen: Eine vom Chassis getrennte und unabhängig gefederte Karosserie schloß bei entsprechendem Winddruck den Spalt zwischen Wagen und Fahrbahn. Doch es waren mehr Lotus-Chef Colin Chapmans Kollegen und Repräsentanten der FOCA, die bald darauf drängten, das ihrer Meinung nach illegale Gefährt mit der schwarzen Flagge von der Piste zu holen. Von Brabham blieb der Protest allerdings aus – Ecclestones Techniker laborierten an einer Chassis-Hydropneumatik zum gleichen Zweck.

Auf dem engen und welligen Stadtrundkurs machten sich die fehlenden Schürzen dann doch deutlich bemerkbar. Trotz größerer Schwingen, weicherer Federn und fast an allen Wagen geänderten Seitenprofilen fehlten dem Trainingsschnellsten zuletzt 1,7 Sekunden zur letztjährigen Pole-Zeit, und dieser Verlust setzte sich praktisch durchs ganze Feld fort. Nach ersten Windkanalversuchen am modifizierten Williams hatten die Wagen durchschnittlich fünfzig Prozent ihres Gesamtabtriebs verloren.

Der Kampf um die Pole-position, den besten Startplatz, tobte am ersten Tag zwischen Alan Jones auf Williams, Jean-Pierre Jarier auf dem französischen Zwölfzylinder Talbot Ligier, Gilles Villeneuve auf dem Turbo- und Comprex-Ferrari und dem Jones-Copiloten Carlos Reutemann. Am zweiten Tag aber stürzte Arrows-Fahrer Riccardo Patrese den regierenden Weltmeister vom Thron und sorgte damit für die sportliche Überraschung des Rennens. Villeneuve wechselte wieder zwischen dem KKK- und Comprex-Ferrari und entschied sich dann endgültig für den elastischeren Turbomotor.

Der Patrese-Schock hielt auch im Rennen noch eine Zeitlang an. Die Stop-and-go-Charakteristik der eiligen Stadtrundfahrt kam dem etwas hektischen Fahrstil des glänzend gestarteten Italieners sehr entgegen und gestattete ihm sogar einen winzigen Vorsprung über die ersten vierundzwanzig der achtzig Runden, nachdem sich Villeneuve im ersten Turn im Tempo vertan und nach einer mächtigen Kurskorrektur hinter Jones, Reutemann, Pironi und Piquet auf dem sechsten Platz eingeordnet hatte. An gleicher Stelle rammte Augenblicke später de Cesaris den Renault von Prost und beide schieden aus.

Nur Reutemann, der seinen Teamgefährten in der zweiten Runde überholte, und Jones hielten mit Patrese Schritt, während Villeneuve sich nach tapferem Vorstoß noch in der gleichen Runde wegen Aussetzern erneut hinter Pironi und Piquet wiederfand. Durch einen ähnlichen Defekt verlor Pironi in der siebzehnten Runde den vierten Platz, und kurz darauf fiel am Ferrari von Villeneuve eine Gelenkwelle der ruckartigen Belastung zum Opfer.

In der fünfundzwanzigsten Runde erlebten die 80000 Zuschauer den ersten Führungswechsel. Patrese, zunächst scheinbar nur in ein paar unglückliche Überrundungsmanöver verstrickt, kam von Reutemann nicht mehr los und wurde dann förmlich überrannt. Doch als nur eine Runde danach auch Jones fast unbehindert an ihm vorbeischlüpfen konnte, zweifelte kaum noch jemand am Ende der guten Zeiten des Arrows. Die Bestätigung folgte kurz darauf, als Patrese mit flach tönendem Motor zu den Boxen abdrehte. Die Kerzen wurden gewechselt, die Zündbox wurde gewechselt, und beim dritten und letzten Halt wurde ein irreparabler Defekt in der Kraftstoffzufuhr festgestellt.

Nach den Positionswechseln an der Spitze verlor der Weltmeister keine Sekunde, um die unübliche Konstellation Reutemann-Jones ins Gegenteil zu kehren. Eine Serie scharfer Attacken signalisierte dem Argentinier den Führungsanspruch seines Teamgefährten, doch bevor es noch zur entscheidenden Auseinandersetzung kommen konnte, unterlief dem augenblicklichen Spitzenreiter in der zweiunddreißigsten Runde ein so kapitaler Fahrfehler, daß ihm überhaupt keine Chance zur Gegenwehr blieb: Reutemann, gerade an Surer vorbei, verschätzte sich vor einer schnellen Rechts-Links-Kombination in der Geschwindigkeit und rutschte, während Jones innen vorbeiging, über die Randsteine.

An der Reihenfolge Jones-Reutemann-Piquet änderte sich außer den Abständen nichts mehr. Reutemann versuchte zwar noch aufzuschließen, erhielt von Teamchef Frank Williams aber Order, den zweiten Platz zu halten, und tat dies bei etwa zwanzig Sekunden Rückstand. Erst als Jones in den letzten Runden etwas vom Gas ging, kam er wieder auf neun Sekunden heran und kreuzte schließlich weit vor Piquet, Andretti, Cheever, Tambay, Serra und Arnoux das Ziel. Pironi hatte in der achtundsechzigsten Runde den zweiten Ferrari mit überhitzten Ladern und größeren Ölverlusten zur Seite gestellt, und zur überdurchschnittlich hohen Ausfallrate trug in der Mitte des Rennens auch eine Karambolage zwischen Laffite, Giacomelli und Lammers bei.

Bruderzwist

Vierzehn Tage nach der mißglückten Premiere stellte sich Colin Chapman mit dem Typ 88 erneut der Kritik seiner Kollegen und dem Goodwill der technischen Kommissare. Inzwischen war nämlich die bei großzügiger Auslegung des Concorde-Abkommens mögliche legale Verringerung des Sechzigmillimeterspalts zwischen den jetzt zulässigen unbeweglichen Schürzen und der Fahrbahn während der Fahrt durch konstruktive Tricks ganz allgemein zur vordringlichsten Konstruktionsaufgabe geworden und Brabham hatte sie mit der in Long Beach erst getesteten zusätzlichen Hydropneumatik auch schon einsatzreif gelöst. Doch während die vor den Boxen noch hochbeinigen, draußen auf der Piste aber entweder durch Winddruck bei extrem progressiver Federung oder die Brabham-Niveauregelung fast auf den Schürzen aufliegenden Wagen der Konkurrenten nahezu unbehelligt durch die Maschen des Reglements schlüpften, blieb der Lotus 88 erneut darin hängen. Wie schon in Long Beach sah Elio de Angelis auch auf dem Circuito Jacarepagua im Autodrom von Rio de Janeiro im ersten Zeittraining sofort die schwarze Flagge.

Nach dem zweiten Zeittraining gab Frank Williams zu bedenken, ob es nicht besser sei, den absenkbaren Brabham gleich mit auf die schwarze Liste zu setzen.

Nelson Piquet hatte es seinen Doppelsiegern von Kyalami, dem FOCA-Rennen, und dem US-Westküsten-Grand-Prix gezeigt, war so sauber und ruhig wie zu den besten Wing-car-Zeiten durch die Kurven gezogen und hatte die Pole-position erkämpft. Aber Williams kam bei seinen in dieser Richtung selbst schon tätigen Kollegen damit nicht durch.

Beim Reifenpoker vor dem Rennen verspielte Piquet seine Chance. Dem Brasilianer schien es das Risiko wert, sich wie Pironi und Stohr mit Slicks auf die seit Stunden immer wieder heftig begossene Piste zu wagen und auf ein baldiges Nachlassen des gerade während der Anwärmrunden wieder stärker gewordenen Regens zu hoffen. Er hoffte vergeblich und verlor das Heimspiel schließlich mit zwei Runden Rückstand zum Sieger.

Der Start war ziemlich chaotisch. Während Reutemann, Jones, Patrese, Giacomelli und sogar Piquet sich ohne große Schwierigkeiten in Bewegung setzten, knallte Andretti auf Villeneuve, der von Prost behindert wurde, und dann ging es Schlag auf Schlag: Arnoux kollidierte mit Serra, Stohr fuhr in die beiden hinein und auch Cheever, Rosberg und Rebaque kamen nicht ohne Blessuren davon. Andretti, Arnoux und Serra blieben gleich auf der Strecke, Cheever ging zur Reparatur einer verbogenen Hinterradaufhängung an die Boxen und Villeneuve, der nach dem erneuten Rückzug des Comprex-Ferrari wieder einen der drei Turbos fuhr, jagte mit geknickter Frontschwinge hinter den Spitzenreitern her.

Schürzen oder keine, Goodyears, Michelins oder auch Regenreifen von Michelin – bei Williams machten diese feinen Unterschiede offenbar nicht das geringste aus. Ein kurzes Geplänkel vor der ersten Kurve, wer den Turn zunächst übernahm, und Reutemann und Jones zogen mit gerade soviel Abstand voneinander, daß der hintere nicht im Spray des vorderen lag, dem Feld auf und davon. Patrese, sonst gewiß kein Kind von Traurigkeit, büßte in jeder Runde eine volle Sekunde ein, und Giacomelli und sein Nachfolger de Angelis auf dem vierten Platz fielen noch schneller zurück. Piquet aber lag nach zehn Runden schon auf Platz fünfzehn.

Reutemann und Jones bauten ihren Vorsprung in der ersten Rennhälfte auf über eine halbe Minute aus und auch Patrese nahm de Angelis in diesen einunddreißig Runden mehr als zwanzig Sekunden ab. In der Fünfergruppe dahinter hatte Rosberg, als zwischendurch der Regen einmal nachließ und der Fittipaldi fürchterlich zu untersteuern begann, seine Führungsposition an Watson verloren, und wenig später waren auch Jarier mit dem kernigen Talbot Ligier-Matra V 12, Surer auf Ensign und Laffite mit dem zweiten Talbot Ligier an dem enttäuschten Finnen vorbeigegangen. Giacomelli zirkulierte seit einem Dreher und fünf Boxenstopps zum Trockenlegen seiner überschwemmten Elektrik am Feldende, wo er zum Schluß auch ohne Anspruch auf Wertung abgewinkt wurde.

In der zweiten Rennhälfte konzentrierte sich die Aufmerksamkeit der 50000 voll auf die Taktik der Williams-Fahrer, die nun sicher bald den naheliegenden Positionswechsel vollziehen würden, die immer wieder erfolgreich abgewiesenen Angriffe der Talbot Ligier-Piloten auf Surer und den ebenso tapferen wie sinnlosen Einsatz ihres Landsmannes Piquet, der in der kurzen Trockenphase einmal zwei Plätze gewann und sie im neu einsetzenden Regen auch gleich wieder verlor. Ein Reifenwechsel zur rechten Zeit hätte ihm zumindest die Hälfte seines großen Rückstands erspart.

»Ich habe Carlos immer für einen Gentleman gehalten und hätte nie gedacht, daß er sich so über die Stallorder hinwegsetzen würde. Nun kenne ich seinen Standpunkt und werde das nächstemal eben auch mit ihm kämpfen, ihn drücken und drängen und mit den Rädern nach ihm boxen«, machte sich der verbitterte Jones nach dem Rennen Luft über das vielleicht nicht ganz korrekte Verhalten seines Teamgefährten in den letzten acht Runden. Angeblich sah die Stallorder vor, das Rennen »gehöre« Jones, wenn beide sicher führten und Reutemanns Vorsprung nicht mehr als sieben Sekunden betrug. Und er betrug nur zweieinhalb, als von der Williams-Box das Signal »Jones-Reutemann« kam.

Als Reutemann nicht reagierte, dachte die Boxenmannschaft zuerst, er habe das Signal übersehen, dann, er verschiebe das »move over« nur in der vagen Hoffnung, Jones bekäme noch Probleme, auf die letzte Runde. Doch Reutemann war nicht gewillt, nach zweiundsechzig Runden Führung in einem mehr als unbequemen Rennen den Sieg so einfach wegzugeben und legte gegen Ende sogar noch einen Zahn zu. So kam es, daß trotz des vierten Doppelsiegs in Reihe bei Williams nicht gerade Feststimmung herrschte. Den dritten Platz belegte Solist Patrese, den vierten holte sich Surer von de Angelis zurück und hinter dem Lotus-Fahrer liefen Laffite und Jarier ein. Watson, Rosberg, Tambay, Mansell, Piquet und Zunino bildeten den überrundeten Rest, Cheever und Giacomelli wurden nicht gewertet.

Hydrokultur

Alan Jones hatte in Buenos Aires keine schönen Tage. Wo er stand und wo er ging wurde er wegen seiner Kontroverse mit Reutemann ausgebuht und ausgepfiffen und die lokale Presse buhte kräftig mit. Doch Alan Jones wäre nicht Weltmeister gewesen, hätten ihn diese häßlichen und sonst nur dem Fußball eigenen Begleiterscheinungen aus dem Gleichgewicht gebracht. Sie bestärkten ihn nur noch in der Absicht, es »Lole« hier und jetzt und an seinem neununddreißigsten Geburtstag vor dem eigenen Publikum heimzuzahlen.

Allerdings hätte Jones sehr viel Glück dazu gebraucht, denn wie schon auf dem Circuito Jacarepagua arbeitete Gordon Murray's hydropneumatische Niveauregelung nahezu perfekt und gestattete dem Pechvogel von Rio de Janeiro Rundenzeiten, die nur noch Alain Prost mit dem Turbo-Renault annähernd erreichte. Nelson Piquet trieb im Training seinen Brabham BT 49 C fast zwei Sekunden schneller als Jones auf der Jagd nach der Bestzeit vom Vorjahr über die Piste 15 des Autodromo Municipal und holte sich die Pole-position.

So unangefochten wie auf der Strecke kam die fahrerische und technische Leistung der daran beteiligten Brabham-Leute an den Konferenztischen der FOCA-Kollegen und der offiziell eingesetzten Stewards of the Meeting allerdings nicht weg. Ermutigt durch den neuerlichen Ausschluß des Lotus 88 und die vorübergehende Disqualifikation der beiden Arrows und je eines Ferrari und Lotus 81, die bei der Prüfung der Bodenfreiheit als zu niedrig befunden und erst wieder auf die Ergebnisliste des ersten Trainingstages gesetzt wurden, als die Betroffenen die Meßgenauigkeit eines Holzklötzchens auf unebener Fahrbahn anzweifelten, erhob Frank Williams am Freitagabend zum zweitenmal Protest gegen Brabham. Seine Argumente hatten viel für sich, denn ein nur an einer bestimmten Stelle in der Boxengasse einzuhaltender Mindestabstand der Schürzen vom Boden machte das fast einjährige Ringen der Verbände um das Verbot dieser Vorhänge nachträglich zur Farce – im Endeffekt blieb es sich gleich, ob sich nur die Schürzen oder der gesamte Aufbau auf die Fahrbahn senkten.

Mittlerweile hatte Balestres Drohung, dem FISA-Exekutivkomitee eine Bestrafung Chapmans in Höhe von 100000 Dollar wegen seiner Äußerungen zur erneuten Sperrung des Lotus 88 vorzuschlagen, die Stimmung im Bündnis dem Siedepunkt jedoch so nahe gebracht, daß kein Funktionär auch noch die Folgen der Disqualifikation eines weiteren Wagens verantworten wollte. Durch die stille Duldung des Brabham BT 49 C wurde aber genau das legalisiert, was nie wieder auf einer Rennstrecke seine viel zu schnellen Runden drehen sollte: der im Hinblick auf die erreichten Kurvengeschwindigkeiten eher noch fortgeschrittene wing-car. Brabham-Besitzer Ecclestone hatte Glück gehabt und FOCA-Boss Ecclestone hatte nun doch den Endsieg über seinen großen Gegner Balestre davongetragen.

So wie der Argentinier Reutemann den brasilianischen wollte der Brasilianer Piquet nun den argentinischen Grand Prix gewinnen. Diesmal kam ihm das Wetter mit einem strahlend blauen Himmel entgegen und mit den richtigen Reifen auf nußtrockener Piste und einem von unten heraus etwas lahmen Turbo-Renault zu seiner Linken gelang ihm auch ein ausgezeichneter Start. Noch besser startete aber Jones, der sich rechts an Piquet vorbeidrängte und unter den schrillen Pfiffen der Reutemann-Fans vor Piquet, dem Argentinier und Prost die erste Kurve nahm. Am Ende der Recta del Fondo scherte Piquet jedoch aus Jones' Windschatten heraus und überholte den unpopulären Williams-Piloten in der anschließenden Rechtskurve dank seiner zusätzlichen downforce problemlos auf der Außenbahn. Zum erstenmal in dieser Saison war die schon erdrückende Überlegenheit der Williams gebrochen.

Piquet, Jones und Reutemann setzten sich in dichtem Pulk schnell von den andern ab, und in der zweiten Runde ging »Lole« an Jones vorbei. Hinter dem schnellen Trio führte Patrese das Renault-Duo Arnoux und Prost sowie Hector Rebaque, die Nummer zwei bei Brabham, und Didier Pironi an, während der seinem Startplatz entsprechend ebenfalls hierhergehörende Villeneuve wegen eines tête-a-queue in einer der ersten Kurven bereits das ganze Feld vor sich hertrieb. De Cesaris, der dem Dreher auswich und sich dabei selbst drehte, leistete ihm Gesellschaft.

Nach wenigen Runden konnten auch die beiden Williams-Fahrer Piquet nicht mehr halten. Der Brasilianer enteilte um drei, um fünf, um achteinhalb Sekunden, und hinter Reutemann tat sich ein noch größerer Spalt auf. Die mit Spannung erwartete Revanche des Weltmeisters blieb aus, da seinem Motor die schon im warm-up reklamierte fehlende Leistung nach dem Wechsel der kompletten Zünd- und Einspritzanlage immer noch fehlte. In der fünften und sechsten Runde gingen Prost und Rebaque vorbei, die gerade Patrese niedergerungen hatten, und kurz darauf mußte Jones sich auch der Angriffe von Arnoux erwehren. Der Franzose überholte nur deshalb nicht, weil er sich bei einer Vollbremsung Bremsplatten an den Vorderreifen zugezogen hatte und nun durch starke Vibrationen behindert wurde.

Die Möglichkeiten, die das neue hydropneumatische System in Verbindung mit einer guten Unterflur-Aerodynamik bot, wurden jedoch nicht nur durch die zwei Sekunden aufgedeckt, die Piquet inzwischen in jeder Runde dazugewann, sondern auch durch die bemerkenswerte Leistung des sonst eher zurückhaltenden Rebaque. Der kleine Mexikaner schaffte es tatsächlich, Alain Prost niederzukämpfen, zu Reutemann aufzuschließen und ihn zum Entsetzen seiner 100000 Landsleute in der fünfzehnten Runde abzufangen. Der Abstand zwischen den beiden Brabham-Fahrern betrug zu dieser Zeit genau zwanzig Sekunden.

Doch für einen Doppelsieg reichte Ecclestones Glück nicht ganz. Rebaque hatte gerade die dreiunddreißigste Runde begonnen, als ihm der Zündgeber vom Rotor fiel und seiner Fahrt ein sehr plötzliches Ende setzte. Mit sechsundzwanzig Sekunden Rückstand zu Piquet übernahm Reutemann wieder den zweiten Platz und auf dem dritten folgte nun der um weitere sieben Sekunden zurückliegende Prost. Die Zweikämpfer Jones und Arnoux trennten sogar schon vierzig Sekunden von Piquet.

In dieser Reihenfolge – und an der Spitze mit gleichem Abstand – bewältigten die fünf Anführer auch die restlichen zwanzig Runden. Das Mittelfeld verlor noch Watson und Tambay, die sich mit technischen Defekten empfahlen, und am Feldende schied Villeneuve mit gebrochener Gelenkwelle als Folge eines zweiten und noch vehementeren Drehers in der schnellen Rechtskurve nach der Recta del Lago aus. Außer Piquet, Reutemann, Prost, Jones und Arnoux erreichten noch de Angelis, Patrese, Andretti, Stohr, Zunino, de Cesaris und Lammers das Ziel.

Nach dem Rennen protestierte Frank Williams erneut gegen den Brabham und Renault schloß sich dem Protest an. Doch die Funktionäre konnten ihre Entscheidung jetzt nicht mehr zurücknehmen.

Doublette

Die europäische Saison begann mit einem Grand Prix, den es seither noch nicht gegeben hatte, auf einer Rennstrecke, die erst einen Automobil-Grand-Prix gesehen hatte – sie begann mit dem Großen Preis von San Marino im oberitalienischen Imola. Der Zwergstaat hatte sich den Fünfkilometerkurs sozusagen ausgeliehen.

Die europäische Saison begann aber auch mit neuem großem Ärger, der sowohl Brabham mit den ersten Nachahmern der Hydropneumatik – Arrows, Fittipaldi, Osella, Tyrrell und Williams – als auch alle Benutzer sogenannter »flexibler Schürzen« – Alfa Romeo, Arrows, ATS, Brabham, Ensign, Fittipaldi, McLaren, Osella, Theodore, Tyrrell und Williams – wie jene Teams, die verstellbare Endscheiben auf den vorderen Flügeln – Tyrrell und Williams – oder Dichtungen zwischen den seitlichen Pontons und den Hinterrädern – Alfa Romeo, Arrows, ATS, Brabham, Ferrari, Fittipaldi, McLaren, Osella, Theodore und Williams – verwendeten, betraf: all diese Einrichtungen wurden von den hier zuständigen Sportkommissaren kurzerhand für illegal erklärt. Natürlich kamen sie damit nicht durch, doch bis dies in endlosen Sitzungen geklärt und als Kompromiß schließlich die bei Einsatz einer vom Reglement im Hub nicht begrenzten Niveauregelung unsinnige Messung der Bodenfreiheit bei jeder Boxenaus- und -anfahrt im Zeittraining ausgehandelt war, drohte ein neuer Konflikt zwischen FISA und FOCA.

Neben dem »joke«, wie Teamchefs und Konstrukteure die aufwendige und zeitraubende Prüfung dessen nannten, was die Fahrer bei ihrer Rückkehr von der Piste nach Belieben einstellen konnten, gab es weitere Änderungen. So machte sich der britische Reifenhersteller Avon daran, Michelin zunächst bei Fittipaldi aus der selbstauferlegten Pflicht zu entlassen, und bei den Teams tauchte erstmals der Name Toleman auf. Toleman und seine Fahrer Brian Henton und Derek Warwick waren bester britischer Formel-2-Import, die Wagen ein Versuch, mit hubraumkleineren und auf Turbo umgerüsteten F 2-Hart-Vierzylindern in modifizierten F 2-Fahrgestellen in der Formel 1 Fuß zu fassen. Dafür fehlte der Name Lotus zum erstenmal seit über anderthalb Jahrzehnten auf der Starterliste eines Grand Prix. Colin Chapman hatte sich jedoch nicht etwa in den Schmollwinkel zurückgezogen, sondern bereitete den Einsatz einer auch im Sinne seiner Kollegen legalen Lotus 88-Version, des Lotus 87 vor.

Regen zum Rennen machte die unerfreulichen Begleiterscheinungen der Trainingstage, den Streit um die Trickfederungen, den wachsweichen Kompromiß, den verspäteten Trainingsbeginn und die mit überhitzten Motoren wie ebensolchen Nerven bezahlten Wartezeiten bei der umständlichen Messung der Bodenfreiheit schnell vergessen, denn durch die gefallenen Temperaturen und die nasse Piste verschoben sich die Aussichten der einzelnen beträchtlich. Plötzlich ging es nicht mehr nur darum, ob Williams mit der zwangsweise nun ebenfalls verwendeten Hydropneumatik wieder so stark wie Brabham sein würde oder Jones diesmal die Revanche gegen den widerspenstigen Teamgefährten gelang, sondern auch um das mögliche Comeback von Ferrari mit den beim Start ausgezeichnet plazierten Villeneuve und Pironi oder einen Erfolg der in der zweiten Startreihe versammelten Renault-Fahrer Arnoux und Prost.

Bis zur sechsundvierzigsten der sechzig Runden hatte Pironi dann auch die Chance, einen der thermisch so anfälligen Turbos siegreich ins Ziel zu bringen. Der französische Ferrari-Pilot brach beim Start zwischen Arnoux und Prost durch, griff Reutemann, den Villeneuve schon in der langgezogenen Tamburello spektakulär überholt hatte, noch vor der Tosa an und bezog nach einem nicht weniger eindrucksvollen Überholmanöver hinter seinem Stallgefährten Warteposition. Ähnlich verfuhr auf den ersten Metern auch Jones mit Watson, Patrese und den beiden Renault-Fahrern. Nur seine Stellung zu Reutemann, das verriet die in der Tosa am kurveninneren Hinterrad des Argentiniers verbogene Frontschwinge, hatte nichts mit Abwarten zu tun. Sekunden später knallte in der gleichen Kurve der March von Salazar mit solcher Wucht in den sich drehenden Osella von Guerra, daß der für mehrere Minuten eingeklemmte Miguel mit Verdacht auf Knochenbrüche ins Krankenhaus mußte.

Durch den Rammstoß von Jones auf Reutemann hatte das Ferrari-Williams-Doppel nicht lange Bestand. Schon in der zweiten Runde verlor der Weltmeister an Patrese den vierten Platz, und als er in der vierten Runde nach dem Austausch der lädierten Schwinge und gleichzeitigen Wechsel auf Slicks wieder ins Rennen ging, lag er an letzter Stelle. Mit den Reifen spielte er va banque, denn das Wetter hatte sich nur unwesentlich gebessert.

Während einer der französischen Turbos mit Getriebeschaden schon aus dem Rennen und der andere durch eine kleine Rempelei mit dem revolutionären Kohlefaser-McLaren MP 4 von Watson außer Kontakt mit der Spitze war, stürmten die italienischen Turbos von Defekten, Wetter und Konkurrenten noch unangefochten dahin. Hinter ihnen lag inzwischen Patrese, der Reutemann bei einem Abstecher aufs Gras erwischt hatte, und auf dem fünften Platz folgte Piquet. Der Sieger von Buenos Aires profitierte davon, daß nach Watson auch Laffite auf den unerwartet früh und ungenau bremsenden Arnoux aufgefahren war. Im Gegensatz zu Watson, der nur die Frontverkleidung auszutauschen brauchte, kam Laffite wegen größerer Beschädigungen des Vorderwagens nicht mehr von den Boxen weg.

Vierzehn Runden nach dem Start büßte Ferrari den ersten seiner beiden Spitzenreiter ein. Villeneuve riskierte den Wechsel auf Slicks, und nach dem Zustand der Piste schien der Zeitpunkt auch richtig gewählt. Doch zwei Runden später goß es erneut und der Kanadier mußte von Slicks auf Profilreifen zurück. Danach fehlten ihm dreizehn Plätze, die er nur zum Teil wieder aufholen konnte.

Aber auch Pironi näherte sich nicht gerade mit jeder Runde dem Sieg, denn von hinten schob sich Patrese und flog Piquet heran. Die beiden Verfolger tauschten in der zweiundzwanzigsten Runde die Plätze, und dann setzte der Brasilianer auch schon Pironi nach. In nur fünfzehn Runden waren zehn Sekunden Vorsprung dahin. Pironi leistete noch zehn Runden lang Widerstand, dann fügte er sich ins Unvermeidliche. In der neunundvierzigsten Runde ging auch Patrese vorbei. Nach dem Rennen stellte sich heraus, daß beide Ferrari außerordentliche Traktionsprobleme und dadurch extrem hohen Reifenverschleiß hatten. Außerdem fuhr Pironi fast die ganze Strecke mit nur einer Schürze.

Als Piquet noch Jagd auf Pironi machte, ging es weiter hinten im Feld zwischen ein paar Hitzköpfen wieder kräftig zur Sache. Zuerst hatte es Giacomelli mit de Cesaris, den er mitten im Überholen fast von der Bahn drückte, was ihm wenig später bei eigenem Ausfall mit Cheever gelang, und dann schoß Gabbiani in der Tosa den lange verfolgten Alboreto ab. Auch in diesem Fall blieb der Übeltäter gleich mit auf der Strecke.

An der Spitze änderte sich in den letzten elf Runden nichts mehr. Hinter Piquet und Patrese schoben sich noch Reutemann und Rebaque an Pironi vorbei, und auch Villeneuve, der sich in seiner unnachahmlichen Art mit den schnellsten Runden des Rennens schon wieder in die Punkte gebracht hatte, verlor erneut den sechsten Platz mit rutschender Kupplung an de Cesaris. Arnoux, Surer, Watson, Tambay, Jones und der Ex-ABBA-Drummer Slim Borgudd lagen eine bis drei Runden zurück, der durch sechs Boxenstopps weit abgeschlagene und nicht mehr gewertete Jabouille fünfzehn.

Opfergang

Sofort nach ihrer Rückkehr aus Imola traten in Paris die Mitglieder der neuformierten Formel-1-Kommission zusammen, um die immer noch strittigen technischen Fragen nun endgültig zu klären. Das Ergebnis ging rechtzeitig vor dem belgischen Grand Prix allen Rennställen schriftlich zu und lautete in den entscheidenden Punkten wie folgt:

- Hydraulische, pneumatische, hydropneumatische und andere niveauregelnde Federungssysteme sind erlaubt, wenn ihre tiefste Stellung statisch nicht weniger als 60 mm Bodenfreiheit zuläßt
- Das Schürzenmaterial hat »solid« zu sein

Den Zweck, dem Concorde-Abkommen endlich den Auslegungsspielraum zu nehmen, erfüllte jedoch nur Punkt eins. Beim zweiten hieß es »solid« statt »rigid«, und haltbar ist eben etwas anderes als starr. In der Praxis wurde Punkt eins einfach ignoriert. Daß es so war, bewiesen Pannen beim Hochpumpen der Wagen vor der Meßstelle, wie eine sogar dem Weltmeister widerfuhr – Alan Jones verfehlte trotz einer Traumzeit von 1.22,20 die Pole-position, weil sein Williams nur auf einer Seite hochkam. Und Punkt zwei ließ weiterhin Werkstoffe zu, wie man sie nicht mehr haben wollte – auch Gummi ist »haltbar«.

Doch bevor es in Zolder zu einer neuerlichen Kraftprobe zwischen Funktionären und Technikern kam, führte ein sehr trauriges Ereignis die ganze Truppe in die rauhe Wirklichkeit zurück. Es geschah kurz vor Ende des ersten Zeittrainings, als Carlos Reutemann in der Absicht, schnell noch einen Satz frischer Reifen anzufahren, sich seinen Weg durch die schmale und restlos übervölkerte Boxengasse bahnte. Der unglückliche Zufall wollte es, daß er genau in dem Augenblick die Osella-Boxen passierte, als einer der

Mechaniker von der Mauer zurücktrat und vom Randstein abglitt. Reutemanns Vorderrad erfaßte den Mann und wirbelte ihn so durch die Luft, daß er mit dem Hinterkopf auf der Fahrbahn aufschlug. Er starb auf der Fahrt oder kurz nach seiner Einlieferung im Krankenhaus.

Das erste Zeittraining war das entscheidende, da es im zweiten ununterbrochen regnete. Natürlich war man gespannt darauf, ob Ferrari ein zweiter Einbruch in die Reihe von Reutemann, Jones, Piquet und Patrese gelang, und keine geringere Aufmerksamkeit beanspruchte die weitere Verbreitung der Trickfederungen.

Über das wirkliche Kräfteverhältnis zwischen Turbos und Saugern und den Turbos untereinander gaben die allein zählenden sechzig Trainingsminuten nur unvollkommen Aufschluß, wie schon die verfehlte Qualifikation von Rene Arnoux wegen eines gerissenen Verteilerzahnriemens am neuen RE 31 und eines Drehers in den Sand mit dem zum Reservewagen gewordenen RE 27 B zeigte. Nichtsdestoweniger plazierte sich Pironi hinter Reutemann und Piquet in der zweiten Startreihe neben Patrese, und auch Villeneuve hatte außer diesem Quartett nur Watson und Jones vor sich. Prost im einzigen Renault erwies sich dagegen nur für die sechste Startreihe gut – im Sandwich der beiden Lotus-Fahrer Mansell und de Angelis, die in Zolder doch wieder mit dem Typ 81 B antraten.

Der Stand bei den Trickfederungen sah Brabham und Williams mit sehr ähnlichen hydropneumatischen Systemen voll ausgerüstet. Bei Ferrari bevorzugte Pironi ein konventionell gefedertes und vergleichsweise hohes Chassis, während Villeneuve mit Chassishydraulik fuhr. Hydraulische oder hydropneumatische Niveauregler hoben und senkten auch bei Alfa Romeo, Arrows, ATS, Fittipaldi, Lotus, McLaren, Osella, Talbot Ligier, Theodore und Tyrrell die sogenannte »Fahrhöhe« und bei Renault besorgte das nach wie vor eine Zweiratenfederung. Nur Ensign, March und Toleman verzichteten noch auf alle Tricks.

Der Unfall vor den Osella-Boxen hatte am Renntag ein schlimmes Nachspiel. Die Kollegen des tödlich verunglückten Giovanni Amedeo nahmen ihn zum Anlaß, gegen ihre allgemein schlechten Arbeitsbedingungen zu protestieren und brachten, wo es die Teamchefs erlaubten, die von ihnen betreuten Fahrer dazu, nach der Anwärmrunde nicht gleich zu starten sondern für ein paar Minuten aus den Cockpits zu klettern und so auf die angeprangerten Zustände aufmerksam zu machen. Die Fahrer fügten von sich aus noch einen Protest gegen einen Passus im Concorde-Abkommen bei, der die Trainingsteilnehmer auf dreißig beschränkte und Jan Lammers auf ATS und Patrick Tambay auf Theodore jede Möglichkeit zur Qualifikation für einen Startplatz genommen hatte. Die Verabredung mit dem Starter klappte, alle hielten, die meisten Fahrer stiegen aus und wieder ein und starteten dann zu einer zweiten vereinbarten Anwärmrunde.

Danach aber herrschte totale Konfusion. Statt den Startplatz mit den andern in Formation anzufahren und bis Grün abzustoppen, wähnte sich Piquet noch in der ersten zweier zusammenhängender Anwärmrunden und fuhr bei Rotlicht durch. Viele hatten das nicht mitbekommen und erwarteten nun jede Sekunde den Start, der nicht kam. Kupplungen quollen, Kühlwasser kochte, Motoren starben ab. Mitten durchs Chaos schlängelte sich der zurückkehrende Piquet wieder nach vorn, und als er dort endlich stand, sprang die Ampel auf Grün, obwohl Patrese schon seit einer halben Minute zum Zeichen seines stehengebliebenen Motors verzweifelt mit beiden Armen ruderte. Am Heck des Arrows kniete ein Mechaniker und versuchte das Triebwerk mit Preßluft wieder in Gang zu bringen. Jones, Cheever und Mansell wußten Bescheid und zogen links an Patrese vorbei. Doch Stohr, der im ersten Moment keine Sicht auf den stationären Teamgefährten hatte, wurde von dem plötzlich freien Stück Straße geradezu magisch angezogen und prallte mit voller Wucht auf Helfer und Wagen. Der Anblick war schrecklich und es grenzte an ein Wunder, daß wenigstens dieser Mann mit dem Leben davonkam. Das Feld jagte einmal an der zur Hälfte blockierten Unfallstelle vorbei, passierte sie dann langsamer und brach das Rennen schließlich mehr aus eigener Initiative als auf die verspäteten und teils mißverständlichen Flaggensignale hin ab.

Vierzig Minuten später wurde das Rennen neu und korrekt gestartet. Diesmal war es jedoch nicht Piquet, den ein mächtiger Satz an die Spitze trieb, sondern Pironi. Der Ferrari-Pilot führte Reutemann, Piquet, Watson, Jones, Villeneuve, Laffite, Mansell, Rosberg und Cheever in die erste Runde und kam vor den nahezu gleich sortierten Verfolgern auch daraus zurück. Zu mehr reichte es aber nicht, denn schon von der zweiten oder dritten Runde an war klar, daß er für die dahinter im Clinch liegenden Williams- und Brabham-Fahrer nur ein Hindernis darstellte. Reutemann, Piquet und Jones drängten mit aller Macht nach vorn. Prost im französischen Turbo hatte bereits seine Kupplung verheizt.
Pironi hielt gegen die Meute bis zur dreizehnten Runde stand. Als er dann endlich zur Seite wich, gingen aber nur Jones, Reutemann und der nachgerückte Laffite vorbei. Piquets Brabham steckte nach einer mißglückten Kraftprobe mit Jones in der Nähe der Kanalkurve in den Fangzäunen und der wutschnaubende Brasilianer machte allein den Weltmeister für den Zwischenfall verantwortlich. Jones dagegen war der Meinung, er hätte schon so weit vorn gelegen, daß die Kurve ihm gehörte.
Fast so schnell wie sich Reutemanns Weißer Riese und Laffites Kreissäge nun von Pironis unruhig bremsendem und schlecht liegendem Ferrari lösten, trennte sich Jones von Reutemann. Endlich schien der Tag der Rache gekommen. Hinter den vieren lagen zunächst noch Watson und Villeneuve, dem die Chassishydraulik jedoch den üblen Streich spielte, in die obere Stellung zu schnappen und dort hängenzubleiben. Mansell hatte keine Probleme, die beiden in der gleichen Runde zu überholen.
Ein herausspringender Gang beendete Jones' Rachefeldzug gegen Reutemann in der zwanzigsten Runde jedoch schlagartig. Der plötzlich aus dem Gleichgewicht gerissene Williams prallte ausgangs der Bianchi-Kurve mit beträchtlicher Geschwindigkeit gegen die Leitplanken und sein Fahrer hatte Glück, daß er nur leichte Verbrühungen am linken Oberschenkel davontrug. Reutemann aber hatte nun freie Bahn und in Laffite einen Hintermann, der ihn in den noch ausstehenden fünfunddreißig Runden bis zum zweiten und endgültigen Abbruch – diesmal wegen Regens – nicht mehr forderte. Die Ausfälle seiner schärfsten Konkurrenten im Kampf um die Weltmeisterschaft und der daraus resultierende Vorsprung von zwölf beziehungsweise sechzehn Punkten vor Piquet und Jones machten ihn in jeder Hinsicht zu einem glücklichen Sieger.
Auch die anderen Positionen waren zur Zeit des letzten Führungswechsels schon weitgehend vergeben. Mansell marschierte auf dem dritten Platz durch und gab damit sich selbst und Lotus wieder etwas Selbstvertrauen. Watson hielt lange den vierten Platz und fiel wegen Schaltschwierigkeiten erst in den letzten sieben Runden hinter Villeneuve, de Angelis und Cheever zurück. Auf dem achten und neunten Platz gingen dann Pironi und Giacomelli vor den überrundeten Andretti, Surer, Alboreto und Ghinzani durchs Ziel.

Comeback

Nachdem die Konstrukteure die neuen Vereinbarungen über den Mindestabstand der Schürzen von der Fahrbahn und die Messung bei abgesenktem Chassis in Zolder einfach ignoriert und dadurch das alte Verfahren auf bewährte Weise nachträglich »legalisiert« hatten, blieben sie dabei. Ab Monaco war Betrug durch Trickfederung für sie kein Thema mehr, und auch die Offiziellen begnügten sich um des lieben Friedens willen weiter mit der Prüfung der hochgepumpten Wagen. Nichts war in dieser Situation wichtiger, als daß es überhaupt weiterging.
Weiter ging es zunächst mit zwei ganz normalen Trainingsläufen rund ums Casino und Teile der Hafenfront, dem nicht gewerteten »Informationstraining« am Donnerstagvormittag und dem ersten Zeittraining am Nachmittag. Überragender Mann war Nelson Piquet, am Ende über eine Sekunde schneller als der im Turbo auf Stadtstraßen wieder überraschend starke Villeneuve sowie Jones und Mansell. Der schnelle Brite hatte wie sein Stallgefährte de Angelis übrigens endlich das Vergnügen mit dem neuen Lotus 87, während das Team sich den Gag leistete, den an den Boxen abgestellten Reservewagen 81 B/2 mit dem Schild »For sale« zu schmücken.

Gerade diese Sekunde aber war es, die – diesmal unter den Konkurrenten selbst – einen neuen emotionalen Ausbruch hervorrief. Piquets Trainingsauto mit der Fahrgestellnummer neun wurde für zu leicht gehalten, Jacques Laffite, seit Zolder im Aufwind, ging bei einem Interview mit L'Equipe sogar ins Detail und machte dafür vor allem die Gewichtseinsparung durch die von Brabham schon seit Jahren immer wieder experimentell eingesetzten Kohlefaserbremsen verantwortlich. Da man es aber versäumte, den Wagen nach dem Training zu wiegen, war nichts bewiesen und der starke Brasilianer blieb offiziell Schnellster.
Piquets 1.25,71 hielten dem Ansturm der Konkurrenten auch im zweiten Zeittraining stand. Auf vergleichbare Zeiten – 1.25,788 und 1.25,815 – kamen überhaupt nur Villeneuve und Mansell, während die nachfolgenden Reutemann, Patrese, de Angelis, Jones, Laffite und Prost über 1.26 und die anderen zum Teil sogar über 1.29 lagen. Piquet selbst schaffte in diesem Lauf nur 1.28,667 und wäre mit dieser Zeit nicht einmal fürs Rennen qualifiziert gewesen. Dieses Schicksal traf Rosberg, Jabouille, Rebaque, Serra, Ghinzani und Gabbiani – ein paar Routiniers, Hector Rebaque auf dem zumindest typgleichen Brabham wie der Trainingsschnellste und drei der Newcomer. Die March-Fahrer Daly und Salazar, die Toleman-Piloten Henton und Warwick sowie Slim Borgudd auf ATS waren schon im Pre-qualifying vor dem offiziellen Training ausgeschieden. Mit Toleman wartete übrigens auch Pirelli auf sein Grand-Prix-Debüt. Der italienische Reifenhersteller hatte das britische Team schon in der Formel 2 versorgt und blieb ihm nun auch in der Formel 1 treu. Außer Toleman und Fittipaldi, dessen Fahrer zwischen Avons und Michelins wechselten, waren noch immer alle Rennställe auf Michelin angewiesen.
Der 39. Große Preis von Monaco hätte schlecht in die 81er Serie gepaßt, wären Präliminarien, Start oder das Rennen selbst völlig normal verlaufen. Hier war es ein einstündiger Startaufschub wegen eines Brandes im Hotel Loews direkt über dem Tunnel, der für Aufregung sorgte, denn zuerst benutzten Rettungsfahrzeuge die Strecke und dann stand sie in dem Betongewölbe zentimetertief unter durchgesickertem Löschwasser. Die Überflutung war so stark, daß GPDA-Präsident Jackie Stewart das Rennen am liebsten abgesagt hätte. Nach einer Ortsbesichtigung einigten die Verantwortlichen sich schließlich auf totales Überholverbot – geschwenkte gelbe Flagge – während des ganzen Rennens im betreffenden Streckenabschnitt.
Vergangenes Jahr hatte Derek Daly mit einem kühnen Vorstoß in die dritte Dimension schon kurz nach dem Start vier Wagen eliminiert und das halbe Feld neu sortiert. Diesmal wollten anscheinend selbst die schlimmsten Draufgänger eine so frühzeitige Vorentscheidung vermeiden, denn alle hielten sich peinlich genau an die Absprache beim Briefing und nahmen die Ste. Dévote-Schikane auch wirklich devot. Piquet, Villeneuve, Mansell, Reutemann, Jones, Patrese, de Angelis, Laffite und der Rest strömten durch, fast wie es der Startaufstellung entsprach. Den Berg hinauf aber drehten sie auf, suchten die Lücken und boxten mit Rädern. De Cesaris konnte es am besten – er verhakte sich bei Prost und nahm bei der Landung Andretti gleich mit aus dem Rennen. Marc Surer fing sich in den Trümmern einen Platten ein.
Nelson Piquet reproduzierte seine Trainingsleistung mühelos. Schon die Startrunde genügte ihm zu zeigen, daß er auch im Rennen kaum Konkurrenz hatte, und nach sechs Runden lag er bereits drei Sekunden vor Villeneuve. Der Kanadier machte später allerdings geltend, daß der an Traktion wieder etwas knappe Ferrari in der Nässe des Tunnels ganz besonders schwer zu bändigen war. So entwickelte sich statt dem erwarteten Zweikampf Piquet-Villeneuve ein Duell Villeneuve-Mansell.
Piquet, Villeneuve, Mansell, Reutemann, Jones, Patrese, de Angelis, Laffite, Prost, Arnoux, Watson, Tambay, Cheever, Stohr, Giacomelli, Pironi, Alboreto und Surer hielten bis zur dreizehnten Runde nahezu unverändert ihre Positionen. Dann aber reagierte Reutemann zu spät auf einen leichten Quersteller von Mansell und drückte sich an dessen Hinterrädern die Frontpartie platt. Der Boxenstopp nach diesem unglücklichen Zwischenfall warf ihn bis auf den letzten Platz zurück. Doch nicht genug damit, suchte in der nächsten Runde auch Mansell die Boxen auf.

Der so überraschend ins Rampenlicht getretene Brite vermeldete Schwierigkeiten mit dem Handling, die sich kurz darauf bei einem weiteren und letzten Boxenstopp als gebrochener oberer Querlenker herausstellten. Stohr machte die Verschiebung komplett, indem er den Arrows zur gleichen Zeit mit defekter Einspritzung aus dem Rennen nahm.

Die doppelte Unachtsamkeit von Mansell und Reutemann änderte den Rennverlauf an der Spitze völlig. Jones verlor keine Sekunde, um Villeneuve nachzusetzen, und in seinem Geleit zog Patrese mit. Jones bremste Villeneuve in der zwanzigsten Runde vor Mirabeau aus und Patrese folgte ihm in der fünfundzwanzigsten nach. Piquet hatte zu dieser Zeit genau neun Sekunden Vorsprung.

Einmal an Villeneuve vorbei, forcierte Jones das Tempo noch. Plötzlich war er der Schnellste auf der Piste, verbesserte laufend seine Zeit und verkürzte den Abstand zu Piquet immer mehr. In der fünfundzwanzigsten Runde waren es nur noch sieben Sekunden und in der dreißigsten nicht einmal mehr vier. Patrese explodierte beim Versuch, an Jones dranzubleiben, der Motor.

In der vierzigsten Runde holte Jones Piquet ein, und nun sah es nicht mehr danach aus, als ob der Brasilianer noch etwas zuzusetzen hätte. Mitunter verschafften ihm besonders gelungene Überrundungsmanöver zwar noch einmal Luft, aber Jones kam genauso schnell wieder heran. In dieser spannenden Phase ging ein Crash von Arnoux, den es beim alten Bahnhof auf dem Öl des ebenfalls geplatzten de Angelis-Motors erwischte, ebenso unter wie Reutemanns durch Getriebeschaden verursachter erster Ausfall der Saison. Nach dem augenblicklichen Stand des Rennens hatte der Tabellenführer nur noch wenige Punkte Vorsprung.

Das Wechselspiel an der Spitze ging über fast zehn Runden, dann suchte Jones die Entscheidung. Eine neue Bestzeit, die allerdings noch weit unter dem bestehenden Rundenrekord lag, markierte den Beginn seiner Schlußoffensive und führte ihn wieder direkt ans Heck seines Gegners heran. Doch bevor er sich nocht recht klar darüber werden konnte, wo und wann er zum großen Schlag ansetzen sollte, enthob ihn Piquet selbst der taktischen Verantwortung, indem er bei der Überrundung von Tambay in der vierundfünfzigsten Runde vor der Tabakskurve für einen Moment auf die seitlichen Ablagerungen von Gummiabrieb und Staub geriet und im nächsten mit blokkierten und voll eingeschlagenen Vorderrädern geradewegs in die Leitplanken hieb. Jones kam wenig später unbehindert an Tambay und Cheever vorbei und führte nun mit einem beruhigenden Vorsprung von dreiunddreißig Sekunden. Da mittlerweile auch Prost und Watson mit Motorschäden sowie Alboreto und Giacomelli durch den Zusammenprall nach einem Dreher des Tyrrell-Fahrers ausgeschieden waren, lagen dreiundzwanzig Runden vor Schluß nur noch Jones, Villeneuve, Laffite, Pironi, Cheever, Tambay und Surer im Rennen.

Bei der relativ kurzen Strecke, dem Vorsprung, dem geringen Verkehr, der fahrerischen Routine und der so häufig unter Beweis gestellten Zuverlässigkeit des Wagens konnte jetzt praktisch nur noch Jones gewinnen, und bis weit in die sechziger Runden hinein strebte der Weltmeister auch dem sprichwörtlich sicheren Sieg entgegen. Dann aber begann der Motor plötzlich zu stottern und der Australier, der sich zwischen Dampfblasenbildung im Kraftstoffsystem und schwankendem Benzindruck durch zu geringe Reserve entscheiden mußte, nutzte die halbe Minute Vorsprung zum Nachtanken. Danach lag er nur noch sechs Sekunden vor Villeneuve.

Für Jones wäre der knappe Abstand sicher kein Problem gewesen, hätte es vor dem Boxenstopp tatsächlich nur an Kraftstoff gemangelt. Aber es war Überhitzung, wogegen Nachtanken nichts half, und so verlor er in der dreiundsiebzigsten Runde doch noch das Rennen. Für Villeneuve war es ein glücklicher Sieg und für den Turbo-Ferrari der erste.

Fünfkampf

Mit fortschreitender Saison normalisierten sich die politischen und organisatorischen Verhältnisse zusehends. In Madrid ging es nur noch um Reifenbarrieren, die auf Fahrerwunsch umgesetzt werden sollten, und den Versuch des Veranstalters, den Spanier

Emilio de Villota mit der Williams-Leihgabe FW 07 B/2 auf Kosten von Slim Borgudd ins Zeittraining zu bringen. ATS, hieß es, sei zu spät bei der technischen Abnahme erschienen und hätte dadurch seinen Anspruch auf einen der dreißig zugelassenen Trainingsplätze verloren. Doch wie der eine oder andere Gummipuffer den richtigen Platz fand, kam zuletzt auch Borgudd ins Teilnehmerfeld.

Dafür nahmen die Ereignisse auf der Piste wieder einen eher ungewöhnlichen Verlauf. Wie in Monaco stießen Reutemann, Jones und Piquet schon im ersten freien Training auf überraschend starke Konkurrenz, und das blieb so über das ganze Wochenende. Besonders Laffite schien die enorme physische Belastung durch die Hitze und die Streckenführung des Circuito Permanente del Jarama überhaupt nichts auszumachen und seinem Talbot Ligier mit dem giftigen Zwölfzylinder von Matra sagte man in der endlosen Folge unterschiedlichster Kurven das mit Abstand beste Verhalten sämtlicher Wagen nach. Laffite erkämpfte sich hier zum drittenmal in ununterbrochener Reihenfolge die Pole-position und bestätigte damit zugleich den Aufwärtstrend des ganzen Teams. Ausgenommen war nur Zweitfahrer Jabouille, der noch immer an den Folgen seines schweren Unfalls beim letztjährigen kanadischen Grand Prix litt und auch jetzt wieder große Schmerzen in seinen verkrüppelten Beinen hatte. Jabouille beendete hier seine aktive Laufbahn und löste wenig später Gerard Ducarouge als Rennleiter ab.

Anders als Jones und Reutemann, die sich mit einer soliden Trainingsleistung wenigstens noch Plätze in den vorderen Startreihen sicherten, kam Piquet erst hinter Watson, Prost, Giacomelli, Villeneuve und Andretti zu stehen. Am meisten überraschten dabei die Plazierungen der bislang weder von der Qualität ihrer Fahrgestelle noch von der Kraft ihrer Motoren verwöhnten Alfa Romeo-Fahrer und ihres Ferrari-Kollegen mit seinem unverändert großen Handlingproblem. »Ich begreife es einfach nicht. Wir haben phantastische Motoren, wir liegen mit dem Gewicht haarscharf am Limit und wir können in Fiorano testen so lange wir wollen, aber dieses Chassis ist eine Katastrophe. Vier schnelle Runden auf neuen Reifen, und schon schwimmen wir wieder über die ganze Piste dahin. Allein im letzten Training wäre ich sechsmal fast abgeflogen«, machte der Kanadier sich am Samstag abend Luft und Pironi schloß sich seiner Meinung uneingeschränkt an. Dagegen konnten sich Piquet und Konstrukteur Murray ihren neunten Trainingsplatz nicht erklären. Immerhin waren Piquet, de Angelis, Mansell, Patrese, Pironi, de Cesaris, Rosberg, Tambay, Arnoux, Rebaque, Jabouille, Cheever, Serra, Daly, Stohr und Salazar noch in, während Alboreto, Gabbiani, Borgudd, Henton und Warwick sich schon wieder nicht qualifiziert hatten. Im Abseits blieb auch Giorgio Francia, ein neuer Mann bei Osella.

Achtunddreißig Grad Celsius vor den Boxen, fünfundvierzig auf der Piste und eine Luft zum Schneiden waren nicht gerade Bedingungen, unter denen der feuerfest verpackte Mensch in einem kleinen, überhitzten Cockpit gern Dienst tut. Eine solche Hitze bekommt auch den Reifen, den Bremsen und den Motoren nicht – am allerwenigsten den Turbos. Prost und Arnoux mit den französischen und Villeneuve und Pironi mit den italienischen rechneten sich überhaupt keine Chancen aus.

Der Start glich einer Explosion. Jones ließ den dreifachen Pole-winner Laffite an der Linie stehen, Reutemann und Prost machten ebenfalls kurzen Prozeß mit ihm und zwischen Prost und Giacomelli brach Villeneuve zur linken Straßenseite durch. Dort hämmerte der Kanadier auf dem Grünstreifen entlang und stürmte schließlich auf gleicher Höhe mit Jones und Reutemann der Nuvolari-Rechtskurve entgegen, während sich hinter den dreien die Wagen von Prost, Laffite, Giacomelli, Andretti, Watson, de Angelis, Patrese und Mansell zum Verfolgerpulk ballten. Pironi tat es dem Stallgefährten gleich und versuchte auf der rechten Grasnarbe sein Glück.

Für die Nuvolari-Kurve waren Jones und Reutemann auf der rechten Seite und in der Mitte der Piste besser plaziert und tauchten vor Villeneuve weg. Eigentlich stand auch Prost günstiger zur Kurve, doch Villeneuve kam mit solcher Fahrt von außen herein, daß er seinen Schwung nicht mehr bremsen und einen Stoß seines rechten Hinterrads gegen den Frontflügel des Franzosen nicht verhindern konnte. Genau das gleiche spielte sich im nächsten Augenblick zwischen

Patrese und Pironi ab, aber mehr Schaden als verbogene Flügel trugen die vier Wagen nicht davon.
Jones, Reutemann und Villeneuve setzten sich in der Startrunde leicht von Andretti, Prost, Watson, Giacomelli, Piquet, Patrese, Pironi und Laffite ab, und als die drei Spitzenreiter erneut in die Nuvolari-Kurve gingen, überholte Villeneuve seinen Vordermann »auf der Bremse«. Der Kanadier bewegte sich mit dem Risiko eines Fahrers, der genau weiß, daß er nichts zu verlieren hat, wogegen Laffite sich zu einer ganz anderen Taktik entschloß und erst einmal die beim Start überhitzte Kupplung auf ein paar gemäßigten Runden abkühlen ließ. Um so energischer ging der Trainingsschnellste dann anschließend zu Werk.
Dreizehn Runden lang kehrte Alan Jones den Weltmeister hervor. Vier Sekunden Vorsprung nach der fünften Runde, acht nach der zehnten und zehn nach der zwölften erinnerten zum erstenmal nach längerer Zeit wieder an seine großartige 80er Saison, in der solches Davonpreschen fast zur Tagesordnung gehörte und ihm fünf wirklich überlegene Siege bescherte. Allerdings half ihm Villeneuve ein wenig dabei, denn ganz offensichtlich bremste der Kanadier den an seinen Hinterrädern klebenden Reutemann, und auch der eine oder andere der dahinter aufgereihten Andretti, Prost, Piquet, Watson, Pironi und Laffite schien zu schnellerer Gangart fähig. Aber in der vierzehnten Runde erwischte es den Weltmeister erneut, als er sich in der Doppelrechtskurve vor Start und Ziel verbremste und mit blockierten Rädern ins Ödland schoß. Er fand mit fremder Hilfe zur Piste zurück und startete vom sechzehnten Platz aus eine Verfolgungsfahrt, die ihn trotz Ausfalls zweier Gänge am Ende wieder auf den siebten Platz brachte. Eine höhere Plazierung wäre wahrscheinlich nicht protestsicher gewesen.
Das Pech des Spitzenreiters löste unter den Verfolgern neue Aktivitäten aus. Reutemann kroch förmlich ins Heck des nun führenden Ferrari, ohne Villeneuve jedoch zu einem move over bewegen zu können, Prost dirigierte seinen schrägflügeligen Renault an Andrettis Alfa Romeo vorbei und Piquet, Watson und Laffite schüttelten Pironi ab. Der französische Ferrari-Pilot fuhr nach einem kleinen Abstecher von der Piste in der einundzwanzigsten Runde an die Boxen und wechselte außer den Vorderreifen auch den beim Start verbogenen Frontflügel. Kurz zuvor hatte de Cesaris seinen dritten und letzten Abflug an diesem Wochenende und wenig später verabschiedete sich Patrese mit Motorschaden.
Mitte der zwanziger Runden fiel bei Reutemann die Arretierung des dritten Gangs aus. Sofort stellte der Argentinier seine Angriffe auf Villeneuve ein, denn es konnte ja mehr daraus werden als nur das lästige Festhalten des Schalthebels, und orientierte sich jetzt stärker nach hinten. Von dort drohte aber keine unmittelbare Gefahr, da sich gerade Piquet und Andretti durch eine Kollision in der Nuvolari-Kurve selbst um den Anschluß brachten und Prost von der Bahn flog. Nach dreißig Runden führte Villeneuve vor Reutemann, Watson, Laffite, Piquet, de Angelis, Andretti, Mansell, Jones und Giacomelli.
Gleich zu Beginn der zweiten Rennhälfte schied Piquet aus. Der angriffslustige Brasilianer hatte sich diesmal an Laffite festgebissen und erneut den kürzeren gezogen. Es war sein dritter Crash im dritten Rennen, und peinlich daran war, daß er auch diesen wieder selbst verschuldete. So kam er seinem Ziel, der Weltmeisterschaft, nicht näher, und auch bei Brabham machte sich allmählich Nervosität breit. Kurz nach dem Ausfall von Piquet erlitten Stohr Motorschaden, Rebaque Getriebeschaden und Jabouille einen Bremsendefekt.
Völlig unbeeindruckt von der Hatz und von der Hitze zeigte sich dagegen Villeneuves Turbomotor, und der Vollständigkeit halber sei erwähnt, daß auch Pironi und Prost keine Motorenprobleme hatten. Nur Arnoux klagte nach dem Rennen über zu wenig Leistung. Jedenfalls änderte Villeneuve, als er sah, daß trotz aller pessimistischen Vorhersagen ein Durchkommen möglich war, seinen Fahrstil und begann in den Kurven Reifen zu schonen. Sofort wurden Reutemann, Watson, Laffite und de Angelis wieder munter, doch genauso schnell zog ihnen Villeneuve auf der langen Geraden immer wieder davon. Es war ein unglaublich spannendes Gefecht, und wie eng es dabei zuging, zeigten Positionswechsel durch winzige Unachtsamkeiten. So überraschte Laffite in der neunundvierzigsten Runde Watson, als der nur ein-

mal nicht in seine Rückspiegel sah, und in der zweiundsechzigsten Runde bremste er Reutemann aus. Der Argentinier war so geschockt, daß noch in der gleichen Runde auch Watson vorbeikam.
Die letzten achtzehn Runden drehten Villeneuve, Laffite, Watson, Reutemann und de Angelis mit weniger als zwei Sekunden Abstand in der Gruppe, und so flogen sie schließlich auch durchs Ziel. Laffite war erbost darüber, daß ihn Villeneuve in den Kurvenparts nicht vorbeigelassen hatte, doch damit stand er nicht allein. Hinter dem Quintett liefen Mansell, Jones, Andretti, Arnoux, Giacomelli, Serra, Rosberg, Tambay, Salazar, Pironi, Daly und der nicht mehr gewertete Cheever ein.

Heimsieg

Zwei Siege der italienischen Turbos direkt vor dem heimischen Grand Prix in Dijon waren für Renault bittere Medizin. Man kann nur vermuten, was in diesen Tagen im Werk hinter verschlossenen Türen gesprochen wurde, aber ganz wohl in ihrer Haut dürfte es den Männern um Teamchef Gerard Larrousse und Rennleiter Jean Sage vor dem ersten Juli-Wochenende nicht gewesen sein. Immerhin lag ihr letzter großer Erfolg beinahe ein Jahr zurück, und damals gab es den Turbo-Ferrari offiziell noch gar nicht.
Nach dem ersten Zeittraining war für Renault die Welt schon eher wieder in Ordnung. Zwar hatte Watson mit 1.07,05 die Tagesbestzeit herausgefahren, aber Arnoux und Prost waren nur unwesentlich langsamer – und vor allem schneller als die ebenfalls dicht beieinanderliegenden Villeneuve und Pironi. Die ausgedehnten Tests auf der schnellen und schwierigen Strecke begannen sich auszuzahlen. Hinter den fünfen rangierten de Angelis und Laffite, und dann kam mit Reutemann der erste Goodyear-Pilot – das bedeutete also das Comeback des amerikanischen Reifenherstellers, der hier Williams und Brabham und im darauffolgenden Rennen auch Lotus versorgte. Goodyear blieb allerdings seiner alten Praxis treu und lieferte keine speziellen Qualifikationsreifen. Den Fahrern standen für Training und Rennen nur vier Mischungen A bis D zur Verfügung, wobei A die härteste und D die weichste war.
Kühl, bedeckt und turbofreundlich wie die Strecke selbst war auch der zweite Trainingstag. Arnoux drehte noch einmal auf und holte sich mit 1.05,95 den besten Startplatz vor Watson (1.06,36), Prost, Piquet, de Cesaris, Laffite, Reutemann und de Angelis, während die beiden Ferrari-Fahrer sich nicht mehr verbessern konnten. Bei Villeneuve lag dies allerdings nicht nur an technischen Mängeln, denn er war vormittags in der tückischen Courbe de Pouas mit solcher Wucht in die Fangzäune geschlagen, daß das Training für längere Zeit unterbrochen werden mußte. Bei ihm selbst war nach dem Crash ein neuer Sturzhelm fällig. Arnoux stellte mit 327 km/h am Ende der Zielgeraden einen inoffiziellen Geschwindigkeitsrekord auf und erhielt für die Trainingsbestzeit die von der Familie des 1980 in Hockenheim tödlich verunglückten Grand-Prix-Piloten gestiftete Patrick Depailler Trophäe.
Im Rennen, wo es ohne Qualifikationsreifen und dem gewissen Dreh am Booster gehen mußte, lief es bei Renault zuerst nicht so richtig. Einen Dämpfer hatte das Team schon vom warm-up weg, als Reutemann, Piquet und Jones zeigten, wozu sie mit den auch für den Nachmittag vorgesehenen D-Goodyears fähig waren, und für den zweiten sorgte der Starter, der seine Ampel nach Grün versehentlich auf Rot und dann wieder auf Grün schaltete. Arnoux fuhr los, ging wieder vom Gas, um keinen Frühstart zu riskieren, und hatte damit schon alle Vorteile seines guten Startplatzes verspielt. Piquet übernahm das Kommando, der ebenfalls irritierte Watson folgte, und bis Arnoux endlich von der Linie kam, hatten auch Prost, de Cesaris, Laffite, Villeneuve, Reutemann und Andretti das weite gesucht.
Aber so leicht gaben sich die beiden Renault-Fahrer nicht geschlagen. Prost, der nun das Firmenbanner trug, setzte sich in der dritten Runde gegen Watson durch, Arnoux überholte mit Reutemann zusammen Laffite, eine Runde später de Cesaris und in der achten Runde sogar Villeneuve. Der Kanadier hatte auf diesem Kurs keine Möglichkeit, die seit Madrid nicht besser gewordenen Fahreigenschaften seines Wagens mit Mut und Motorleistung aufzuwiegen und

glitt wie Laffite und de Cesaris allmählich aus der Spitzengruppe heraus. Noch schlechter erging es Alan Jones. Der Australier hatte sich beim Start an einem der Hinterräder von Andretti eine Spurstange verbogen und beim Austausch an den Boxen über eine Runde verloren.

Nach dem gewonnenen Zweikampf gegen Watson hielt sich Prost noch eine Zeitlang vier bis fünf Wagenlängen hinter Piquet, dann zog der Brasilianer davon. Beide Fahrer hatten Probleme: Piquet mit einem klemmenden Gasschieber und Prost mit einem Getriebe, das sich nicht mehr in den vierten Gang schalten ließ. Nach zwanzig Runden lagen sie über elf Sekunden auseinander und Renaults einziger Trost in dieser Phase bestand darin, daß auch Watson und Reutemann keinen Eindruck auf ihren Vordermann machten. Hinter ihnen bildeten Arnoux, Villeneuve, Laffite, de Cesaris, Pironi, Rebaque und de Angelis eine Gruppe, die der plötzlich wiedererstarkte Mexikaner bereits von rückwärts aufzurollen begonnen hatte – offenbar entschädigte Goodyear auch ihn für die im Training nicht vorrätigen Qualifiers.

Zwischen der zwanzigsten und vierzigsten Runde kamen sich Piquet, Prost und Watson wieder näher, denn das immer häufiger hängenbleibende Gas am Brabham zeigte sich hinderlicher als der ausgefallene vierte Gang des Renault und der McLaren lief einwandfrei. Arnoux fing Reutemann ab, und in der dreiundvierzigsten Runde blieb der tapfere Villeneuve ganz einfach ohne Zündfunken auf freier Strecke stehen.

Kritisch wurde es für Piquet – und zeitweise auch für Prost – aber erst, als die drei Spitzenreiter zur Überrundung der inzwischen von Rebaque angeführten Mittelfeldgruppe ansetzten. Rebaque, Laffite, de Cesaris, de Angelis und Pironi nahmen bei ihrem Kampf um den sechsten Platz nicht die geringste Rücksicht auf ihre schnelleren Kollegen und hielten sie mitunter für Runden fest. Als alle drei den dichtgedrängten Pulk endlich hinter sich hatten, lag Piquet nur noch sechs Sekunden vor Prost und Watson.

Zu einer weiteren Annäherung kam es dann allerdings nicht mehr, da kurz darauf, in der neunundfünfzigsten Runde, ein Platzregen allererster Güte zum sofortigen Abbruch des Rennens zwang. Mit Piquet und Brabham war nun fast jeder der Ansicht, daß der Brasilianer nach dem reglementgerechten Abzug der letzten Runde vor Prost, Watson, Reutemann, Arnoux und den überrundeten Rebaque, Laffite, de Angelis, Pironi, Mansell, Andretti, Surer, Giacomelli, de Cesaris, Patrese, Cheever, Alboreto, Jones und Daly gewonnen hatte.

Böse Zungen behaupteten, so wäre es auch gewesen, hätte der erste im Ziel nicht Piquet sondern Prost geheißen. So aber machte der Veranstalter von seinem Recht Gebrauch, das noch nicht zu drei Vierteln gelaufene Rennen nachträglich in zwei Heats zu teilen und den Sieger erst nach Errechnung der Gesamtzeit zu küren. Eine halbe Stunde nach dem Abbruch traten die noch übrigen achtzehn Fahrer mit so weit wie möglich reparierten und neu bereiften Wagen in der Reihenfolge ihres ersten Zieldurchgangs zum zweiten Lauf über die noch ausstehenden zweiundzwanzig Runden an.

Die dreißig Minuten hatten Alain Prost genügt, um zu einem vierten Gang zu kommen – und zu einer bestimmten Sorte Qualifiers, der die Michelin-Techniker bei der kühlen Witterung und der nicht völlig abgetrockneten Piste mehr Weg als die noch zu bewältigenden vierundachtzig Kilometer gaben. Für Nelson Piquet, der außer dem wieder leichtgängigen Gaspedal nichts besseres als die schon vorher gefahrenen D-compound Goodyears vorzuweisen hatte, war also dieser Teil des Rennens bereits vor Beginn gelaufen.

Piquet verlor dann auch den Start erwartungsgemäß gegen Prost, und als das Feld aus der ersten und zugleich neunundfünfzigsten Runde zurückkam, hatte er mit Watson und Arnoux noch zwei weitere Michelin-Fahrer passieren lassen müssen. Reutemann, Pironi, Mansell, Giacomelli, Andretti, de Angelis und Patrese folgten, während de Cesaris aufgrund eines späten Boxenstopps im ersten Lauf erst an zwölfter Stelle über die Start- und Zielgerade donnerte. Laffite fuhr sogar an die Boxen und gab mit einer beschädigten Vorderradaufhängung infolge einer Radberührung mit Reutemann in der Double-Droite de Villeroy auf.

In der zweiten Runde verwies Pironi den bedauernswerten Piquet auf den fünften Platz und führte damit eine Art Vorentscheidung herbei. Nun war bewiesen, daß der Brasilianer seinen Vorsprung aus dem ersten Lauf im zweiten aus eigener Kraft nicht halten konnte, und das war genau das, was Prost und Renault außer ein bißchen Glück, guter fahrerischer Leistung und mechanischer Zuverlässigkeit zum Gewinn des Gesamtklassements noch brauchten. Für das eigene Team hatte die Rennleitung jedenfalls die richtige Entscheidung getroffen.

Alain Prost und der Renault standen die restlichen zwanzig Runden trotz mancher heftigen Attacken des wieder glänzend aufgelegten Watson dann auch fehlerfrei und ohne Mängel durch. Es war sein erster Sieg in einem Grand Prix und der erste Sieg seines gebeutelten Teams seit dem 17. August 1980, als Jean-Pierre Jabouille für Renault in Zeltweg gewann. Hinter Prost liefen Watson, Arnoux, Pironi, Piquet, de Cesaris, Andretti, Jones, Mansell, de Angelis, Rebaque, Cheever, Surer, Patrese, Alboreto, Reutemann und Giacomelli im Ziel ein, und in der Endabrechnung lag Prost über zwei Sekunden vor Watson. Es folgten Piquet, Arnoux, Pironi, de Angelis, Mansell, Andretti, Rebaque, Reutemann, de Cesaris, Surer, Cheever, Patrese, Giacomelli, Alboreto und Jones. Tabellenführer Reutemann hielt den Titelkampf mit seiner schlechten Plazierung durch fallenden Benzindruck im zweiten Lauf weiterhin offen.

Glückstreffer

Der Coup war von langer Hand vorbereitet und der Königliche Automobilclub leistete Beihilfe: Am Vorabend des ersten Trainingstages passierte in Silverstone eine B-Version des seit April offiziell gesperrten Lotus 88 anstandslos die technische Abnahme. Doch so einfach ließen sich die Konkurrenten und die internationale Sportbehörde von Colin Chapman und den ihm gefälligen RAC-Funktionären nicht aufs Kreuz legen. Alfa Romeo, Ferrari und Talbot Ligier übernahmen es, da man ja auf britischem Boden weilte und gleichgesinnte FOCA-Teams nicht unnötig in die Sache hineinziehen wollte, durch Hinterlegung der üblichen Protestgebühr die FISA einzuschalten, und die stellte dann sehr schnell fest, daß ein versetzter Ölkühler aus einem Baumuster noch kein anderes machte. Der Spruch des FIA-Berufungsausschusses galt also auch für den Typ 88 B und Chapman hatte gar keine andere Wahl, als die beiden Wagen aus dem Wettbewerb zu nehmen und durch die bei den Fahrern ohnehin beliebteren »87er» zu ersetzen.

Mit dem nachfolgenden Geschehen hatte Lotus dann so gut wie nichts mehr zu tun. Dem zurückgepfiffenen Team fehlte die Zeit, sich mit den Mk 87 jetzt noch richtig zu befassen, und so kam de Angelis gerade noch und Mansell schon nicht mehr ins Rennen. Die Auseinandersetzungen um die besseren Startplätze fanden wieder zwischen den »Trainingsweltmeistern« Arnoux und Prost und den anderen front runners statt, wobei es allerdings eine erhebliche Verfälschung der erreichten Zeiten durch die unterschiedliche Bereifung zu berücksichtigen galt. Zum Beispiel war die Sekunde, die zwischen den Renault-Piloten und dem drittplazierten Piquet lag, sicher nicht nur auf die Extraleistung der Turbomotoren zurückzuführen, und mit großer Wahrscheinlichkeit hatten auch die Startplätze von Jones und Reutemann hinter Pironi, Watson und de Cesaris viel mit der Haftung der weichsten vorrätigen Goodyears vom D-Typ gegenüber den »Gumballs« von Michelin zu tun. Insider schätzten die Chancen der Williams-Fahrer und zumindest des einen Brabham-Piloten fürs Rennen jedenfalls kaum geringer ein als die der Renault-Fahrer auf Renngummi.

Neben dem gewöhnlichen Trainingsprogramm spulte Nelson Piquet auch eine ganze Reihe von Runden im BT 50 mit BMW-Turbomotor ab. Der Brasilianer kam dabei auf eine Bestzeit (1.12,6), die ebenfalls für den dritten Startplatz gereicht hätte, doch Brabham dachte aus Gründen der Zuverlässigkeit (Wir gewinnen damit jeden Grand Prix, wenn er nicht länger als fünf Minuten dauert...) noch nicht an einen Renneinsatz. Immerhin waren die Konkurrenten von dem aufgeblasenen Vierzylinder beeindruckt. Ein weiterer Debütant, der Tyrrell 011, wurde von Eddie Cheever bei Woodcote durch mehrere Fangzäune gejagt und an den Leitplanken plattge-

drückt; das Monocoque konnte nicht mehr gerichtet werden.
Das warm-up schien die Reifenthese zu bestätigen. Piquet war mit dem BT 49 C im Renntrimm schneller als die beiden Renault, die Williams, die McLaren und die Ferrari. Brabham schickte mit Piquet übrigens zum erstenmal einen seiner Fahrer mit Kohlefaserbremsen ins Rennen.
Aber schon beim Start versagte alle Theorie. Prost und Arnoux kamen besser weg als je zuvor, und als bei Maggot's dann doch einer durchbrach, war es Pironi, ein weiterer Michelin- und Turbo-Pilot. Stowe meldete Prost vor Pironi, Arnoux, Piquet, Villeneuve, Jones, Watson, de Cesaris und Reutemann, der Sprecher bei Woodcote Prost vor Pironi, Villeneuve, Arnoux, Piquet, Jones, Watson, de Cesaris und Reutemann. Nun kam es darauf an, wie sich der gewählte Gummi über längere Distanz verhielt.
Fünf Plätze hatte Villeneuve in der Startrunde gut gemacht, jetzt »arbeitete« er an seinem Stallgefährten. Noch auf der Start- und Zielgeraden saugte er sich im Windschatten an ihn heran, aber Pironi blieb ihm die Vorfahrt schuldig. Bei Beckett's mußte der Kanadier wieder vom Gas und in Stowe verlegte ihm Pironi erneut den Weg. Auch vor Club Corner schaffte Villeneuve den hartnäckigen Franzosen nicht, doch als er sich diesmal vertat, drängte sich der lauernde Arnoux wieder nach vorn. In der dritten Runde revanchierte sich auch Piquet und in der vierten beging der leicht konsternierte Villeneuve dann den verhängnisvollen Fehler, die Woodcote-Schikane zu scharf anzuschneiden und auf die Kerbsteine zu geraten. Aus dem Quersteller wurde ein Dreher und Villeneuve, Jones und de Cesaris verschwanden gemeinsam hinter einer undurchdringlichen Wand aus Staub und Reifenqualm in den Fangzäunen.
Alain Prost, der Überraschungssieger von Dijon, setzte sich derweil kräftig vom Feld ab. Fünf Sekunden trennten ihn nach dieser ereignisreichen Runde von Arnoux, der inzwischen auch Pironi wieder abgefangen hatte, und mehr als zehn waren es nach der zehnten. Prost verzeichnete sogar noch Bodengewinne während eines Gefechts zwischen Arnoux und Piquet, die sich bis zu einem Reifenplatzer am linken Vorderrad des Brabham erbittert um den zweiten Platz schlugen. Piquet mußte nach dem Frontalaufprall auf eine Begrenzungsmauer aus dem Wagen geborgen und zum checkup ins Medical Centre gefahren werden. Der Verdacht auf Knöchelbruch bestätigte sich glücklicherweise nicht.
Nach diesem Crash in der zwölften Runde lagen von den vierundzwanzig Startern nur noch Prost, Arnoux, Pironi, Reutemann, Watson, Andretti, Laffite, Patrese, Rebaque, de Angelis, Rosberg, Cheever, Borgudd, Jarier, Surer, Daly und Tambay im Rennen und der hohe Schnitt von über 220 km/h forderte weiteren Tribut. Pironis Motor hauchte sein Leben in einer mächtigen Dampfwolke aus und Tambay, der Jabouille-Nachfolger bei Talbot Ligier, gab beim dritten Boxenstopp mit verbrannter Kupplung auf. Den Ausfall des Tages aber steuerte Prost bei. Den sechsten aus der einst neunköpfigen Spitzengruppe erwischte es in der siebzehnten Runde mit Motorschaden.
Die 80000 zwischen Copse und Stowe fragten sich nicht lange, wie es bei dieser Ausfallrate weitergehen sollte – Hauptsache, »Wattie« kam durch. Zäh und verbissen hatte sich der Ire nach diversen Platzverlusten durch die Woodcote-Karambolage wieder an Laffite, Tambay, Andretti und Reutemann vorbeigeschoben und lag nun, begünstigt durch die Ausfälle von Villeneuve, Jones, Piquet, Pironi und Prost, fünfundzwanzig Sekunden hinter Arnoux auf dem zweiten Platz. Einundfünfzig Runden blieben ihm noch, um nach dem dritten Platz in Jarama und dem zweiten in Dijon hier den ersten zu machen.
Von sich aus konnte Watson allerdings nicht viel mehr tun als sich auf die Lauer zu legen. Weit vor ihm spulte Arnoux seine Runden mit geradezu aufreizender Präzision ab und der Abstand blieb lange Zeit gleich. Auch hinter den beiden änderte sich die Reihenfolge kaum. Nur de Angelis, der nach bemerkenswertem Aufstieg im Mittelfeld fürs Überholen unter gelber und weißer Flagge während des Abtransports von Piquet später die schwarze Flagge gezeigt bekam, trug noch zu einer größeren Verschiebung bei. Der Italiener hatte vor seinem unfreiwilligen Gang an die Boxen hinter Arnoux, Watson, Reutemann, Andretti und dem erstmals auf Pirelli-

Reifen gestarteten Patrese auf dem sechsten Platz gelegen.

Das Rennen kam bereits in die fünfziger Runden, als Watson sich zum erstenmal Hoffnung auf den Sieg machen durfte. Innerhalb weniger Minuten schrumpfte sein Rückstand von fünfundzwanzig auf achtzehn Sekunden, ohne daß er schneller geworden wäre, und das konnte nur bedeuten, daß nun auch Arnoux die Puste ausging. Tatsächlich näherte er sich dem Renault-Fahrer auch weiterhin um zwei bis drei Sekunden pro Runde und seine Fans entlang der Piste waren vollauf damit beschäftigt, die Kontaktzeit zu berechnen. Andrettis Ausfall durch einen vergessenen Splint im Gasgestänge ging in der Aufregung ebenso unter wie Surers Pech mit leergefahrenen Tanks – in der sechzigsten Runde war Watson heran und in der einundsechzigsten vorbei. Wenig später rollte der arme Arnoux mit stehendem Motor bei Copse aus. Der Jubel über den Sieg des beliebten Iren aber kannte keine Grenzen. »Ich kann es überhaupt nicht fassen, nach all den miesen Jahren«, meinte der neue »Big John« nach seiner slowing down lap, und nicht weniger glücklich waren Slim Borgudd und ATS über ihren ersten Weltmeisterschaftspunkt.

Zweikampf

Zweikämpfe zwischen Renault und Williams hatten in Hockenheim Tradition. Bereits 1979 holte sich Jabouille (1.48,48) vor Jones die Pole-position, 1980 konterte Jones (1.45,85) und in beiden Rennen lieferten sie sich bis zum jeweiligen Ausfall des Renault-Fahrers heiße Gefechte um die Führung – schnelle Männer in schnellen Wagen auf einem der schnellsten Grand-Prix-Kurse der Welt. Immerhin bedeuteten 1.45,85 genau 230,896 km/h und in der berüchtigten Ostkurve wurden zu Zeiten der »sliding skirt cars« Geschwindigkeiten bis 280 km/h gemessen. Selbstverständlich mischten auch die Stallgefährten immer kräftig mit.

Ungeachtet der veränderten Schürzen- und Reifensituation nahmen Renault und Williams ihre alte Fehde sofort wieder auf. Arnoux und – stellvertretend für Jabouille – Prost auf der einen und Jones auf der andern Seite sorgten schon im ersten Zeittraining für klare Verhältnisse und im zweiten stieß auch Reutemann dazu. Allerdings lag die Pole-Zeit von Prost (1.47,50) deutlich über der 80er Bestzeit von Jones.

Der perfekte Start von Prost und Arnoux in Silverstone täuschte momentan darüber hinweg, daß Turbo-Fahrern der Beginn eines Rennens immer noch ganz besonders schwerfiel – dem Motor fehlte einfach der Biß und auch die Belastbarkeit der Kupplung hatte ihre Grenzen. Oft genügte dieser schwache Augenblick einem der andern zum Durchbruch, und so war es auch diesmal, als Reutemann die Lücke zwischen den beiden Renault anvisierte. Noch in Höhe der Boxen ging er an Arnoux vorbei und zog direkt hinter Prost durch die anschließende Rechtskurve. Pironi, Piquet, Jones, Laffite und Villeneuve folgten.

Während Prost seinen Renault nun kräftig auf Touren und Leistung brachte und bis zur ersten Schikane sogar zwei oder drei Wagenlängen Vorsprung gewann, rutschte bei Arnoux die überhitzte Kupplung. Pironi ging vorbei, ausgangs der Ostkurve überholte Piquet und fast im gleichen Augenblick kam auch Jones nach vorn, indem er sich eiskalt die Schrecksekunde der beiden bei einer Berührung mit Frontflügel und Hinterrad zunutze machte. In der zweiten Schikane sprang Arnoux der getroffene Reifen halb von der Felge und erlaubte dann nur noch Schleichfahrt an die Boxen.

In den nächsten Runden setzten sich Prost und Reutemann leicht vom Feld ab, wobei ihnen Pironi durch einen herannahenden Motorschaden Schützenhilfe leistete. Der so gut gestartete und nun schwer enttäuschte Franzose gab Jones, Piquet und Laffite den Weg erst frei als der Abstand schon mehr als drei Sekunden betrug und rollte dann mit rauchendem Triebwerk aus. Villeneuve, Tambay, Andretti, de Cesaris, Watson, Patrese, de Angelis, Rebaque, Giacomelli, Cheever, Daly, Surer, Salazar, Jarier, Mansell, Stohr, Borgudd und Arnoux bildeten mit den fünfen zusammen eine durchs halbe Motodrom reichende Kette.

Prost und Reutemann genossen den geschenkten Vorsprung allerdings nicht lange. Am Renault ein um vierhundert Touren zu knapp eingestellter Drehzahlbegrenzer und für den Argentinier ein Wechsel auf den ungewohnten Reservewagen wegen der gleichen Aussetzer, die Jones in Monaco gehabt hatte, im warm-up waren zu große Handicaps, um damit gegen »charger« vom Typ Jones und Piquet erfolgreich bestehen zu können. Reutemann wurde in der fünften und neunten Runde von Jones und Piquet abgefangen und in der einundzwanzigsten unterlag auch Prost dem pausenlos angreifenden Jones. Nur Piquet biß sich an Prost fest und mußte zwischendurch sogar noch einmal Reutemann für zwölf Runden nach vorn lassen – das war die Zeit, die er brauchte, um sich an eine abgerissene Schürze zu gewöhnen.

Nach dem Führungswechsel, bei dem der überrundete Arnoux durch Behinderung seines Stallgefährten in der Sachskurve auch noch unglückliche Hilfestellung gab, entschwand Jones unaufhaltsam in der Ferne. Dreieinhalb Sekunden nahm er Prost schon in der nächsten Runde ab und fünf waren es nach der dreiundzwanzigsten, die den halben Weg zum Ziel markierte. Knapp hinter Prost kämpften immer noch Reutemann und Piquet um den dritten Platz, und dann kamen Laffite, Rebaque, Cheever, Tambay, Patrese, de Angelis, Andretti, Jarier, Watson, Stohr, Borgudd, Villeneuve, Arnoux, Surer, Giacomelli und Salazar. Watson, Villeneuve und Salazar verdankten ihre schlechten Plazierungen einem Dreher, gewechselten Reifen und einer ausgetauschten undichten Bremszange, McLaren-Bruchpilot de Cesaris feierte seinen einundzwanzigsten »Abflug« und Mansell und Daly waren durch die Folgeschäden von Radberührungen untereinander und im Fall von Mansell auch mit Villeneuve ausgeschieden. In der achtundzwanzigsten Runde folgte Tambay mit dem siebten Radlagerschaden seit Trainingsbeginn in Dijon nach, und nur Augenblicke später streikten die Motoren von Patrese und Reutemann.

Doch so hart der Schlag für den nun mit Sicherheit nicht punktenden Tabellenführer auch gewesen sein mochte – es kam noch schlimmer für ihn. Piquet, der Tabellenzweite, nahm sich sofort wieder Prost vor, und unabhängig davon büßte Jones noch vor dem Positionswechsel der beiden in der siebenunddreißigsten Runde beinahe acht seiner zehn Sekunden Vorsprung ein. Anfangs schien es nur eine Vorsichtsmaßnahme des Titelverteidigers, da es leicht zu nieseln begonnen hatte, aber dann störten immer häufiger Aussetzer den Lauf seines Motors – das nun schon bekannte Williams-Leiden. Zwei Runden später war Piquet mit neun Zählern auf und davon und schob sich erneut bis auf acht Punkte an Reutemann heran. Jones gewann nicht einmal das Renault-Williams-Duell. Kurz vor Schluß wechselte er – ohne Erfolg – sogar noch die Zündbox. Im Ziel lag er hinter Piquet, Prost, Vorjahressieger Laffite, Rebaque, Cheever, Watson, de Angelis, Jarier, Andretti und Villeneuve an elfter Stelle. Da inzwischen auch Borgudd Motorschaden hatte, folgten Jones nur noch Stohr, Arnoux, Surer, Giacomelli und Salazar, der wegen seiner fünf Runden Rückstand aber nicht mehr gewertet wurde.

Hahnenkampf

Der Österreichring war der dritte Kurs in der schnellen Serie nach Silverstone und Hockenheim, 220 km/h das Geschwindigkeitsniveau, 236,9 km/h der inoffizielle Trainingsrekord – alles zusammen wieder ein Eldorado für Renault. Nur hießen die Gegner diesmal nicht Williams, Brabham und McLaren sondern Ferrari und Talbot Ligier. Bei Ferrari traf dies allerdings nur fürs Training zu. Im Rennen blieben die Änderungen für den heimatnahen Grand Prix – Radstand, Aufhängungsgeometrie, Seitenteile, Unterboden-Aerodynamik – nahezu wirkungslos.

Während Ferrari sich im Training noch mit dem »Zweirunden-Wunder« von Michelin zu behelfen wußte, trieb den Talbot Ligier vor allem die stetig gewachsene Leistung seines Zwölfzylinders so schnell über die steirischen Hügel. Kein Cosworth, auch nicht die 500 PS-Spezialausführung des britischen Achtzylinders in den Wagen von Jones, Reutemann, Piquet, Watson und anderen Privilegierten, verkraftete nämlich ähnlich stark geneigte Abtriebsflächen wie die Turbos und der Matra V 12.

Der Zeitunterschied zwischen den Renault-Fahrern und den Inhabern der zweiten Startreihe war allerdings erheblich. Arnoux, zum drittenmal Pole-man in dieser Saison, lag 1,32 Sekunden vor Villeneuve und 2,38 Sekunden vor Laffite. Die Zweitfahrer dieser Teams hielten aus technischen Gründen noch weniger mit. Pironis Chassis zog nach der Reparatur eines Unfallschadens permanent nach links und Tambay litt unter einem Federn- und Stabilisatoren-Engpaß seiner Mannschaft. Reutemann, Jones und Piquet nahmen die Startplätze fünf bis sieben ein.

Die beiden Trainingstage waren wieder reich an Drehern, Crashs und Kollisionen, doch zwei stachen besonders hervor. Der eine, wie könnte es anders sein, ging wieder auf das Konto von de Cesaris, führte die Nummer zweiundzwanzig und passierte in der ersten Runde des letzten Zeittrainings, als der übernervöse Italiener die Texaco-Schikane mit noch kalten Reifen voll zu nehmen versuchte. Am McLaren mit der Unglücksnummer acht waren nur noch Zelle und Motor heil. Beim andern brach sich Surer eine Rippe, ohne dadurch aus dem Wettbewerb zu scheiden.

Marc Surer hatte auch am Renntag kein Glück. Durch einen Zündschaden auf dem Weg zum Vorstart landete er wieder an den Boxen, und dort stand er noch, als Arnoux & Co schon das Aufblitzen des Startsignals erwarteten. Ein späteres Nachsetzen endete nach wenigen hundert Metern mit dem gleichen Defekt.

Der Start erinnerte stark an Hockenheim. Wie dort Reutemann durch die Mitte stieß hier Villeneuve zwischen Arnoux und der Boxenmauer durch und beschleunigte auf gleicher Höhe mit Prost zur Hella-Schikane hinauf. Doch anders als der etwas weniger aggressive Argentinier im vorhergegangenen Rennen scheute der Kanadier die nun fällige Mutprobe nicht und bremste den Franzosen in das Doppel-S hinein aus. Villeneuve führte auch bei seiner Rückkehr aus der Startrunde vor Prost, Arnoux, Pironi, Laffite, Reutemann, Piquet und Jones.

Augenblicke später änderte sich die Situation entscheidend. Diesmal verlor nämlich Villeneuve den Zweikampf auf der Bremse, und während Prost mehr schlecht als recht gerade noch in den Rechtsbogen zirkelte, schoß er mit qualmenden Reifen die escape road hinunter. Da ein ähnliches Manöver auch Reutemann in den Notausgang zwang, belegten nun Prost, Arnoux, Pironi, Laffite und Piquet die vorderen Plätze. Villeneuve, Jones und Reutemann folgten.

Einmal an der Spitze, setzten sich Prost und Arnoux mit solchem Tempoüberschuß ab, daß ihr Vorsprung nach der achten Runde bereits achtzehn Sekunden betrug. Allerdings profitierten sie auch von der offenkundigen Behinderung der Verfolger durch Pironi, der den dritten Platz mit allen Tricks gegen seine Hintermänner verteidigte und sich erst in der neunten und zehnten Runde Laffite, Piquet, Jones und Reutemann geschlagen gab. Hinter dem rollenden Hindernis stauten sich nun Patrese, Mansell, Villeneuve, Watson, Tambay und de Angelis, während Salazar, Giacomelli, Alboreto, Borgudd, de Cesaris, Jarier, Stohr, Andretti, Rebaque und Daly schon über die ganze Runde verstreut waren. Andretti hatte Reifen gewechselt, Rebaque die Zündkerzen und Daly in drei aufeinanderfolgenden Boxenstopps die Zündbox, dann eine und schließlich alle Zündkerzen – ein Tag für Elektriker.

Der Durchbruch von Laffite und seinen Begleitern stoppte nicht nur das Entkommen der beiden Renault-Fahrer, sondern kehrte es mit der Zeit sogar ins Gegenteil. Aus den achtzehn Sekunden Vorsprung wurden fünfzehn, und als Piquet trotz abgerissener Schürze – seiner neuesten Spezialität – Druck auf Laffite auszuüben begann, nahm die Verlustrate noch zu. Das war um die zwölfte Runde, in der Villeneuve nach weiteren kleinen Zwischenfällen beim Hella-Licht-S und anderswo für einen größeren sorgte, indem er den aerodynamisch schon lange nicht mehr ausgewogenen, ungleichmäßig bremsenden und mit den Reifen bereits ziemlich heruntergekommenen Ferrari in der Boschkurve hart in die Leitplanken setzte. Drei Runden später waren Laffite und Piquet bis auf zwölf Sekunden heran.

Die Jagd ging ohne Unterbrechung weiter. Runde für Runde nahmen Laffite und Piquet den Ausreißern Sekundenbruchteile ab, und während sie ihren Rückstand allmählich auf zehn Sekunden und weniger reduzierten, lösten sie sich selber von Jones und

Reutemann. Mansell überholte Pironi, Watson schob sich an Patrese vorbei und de Angelis und Salazar machten sich das Pech von Tambay zunutze, dem die Chassishydraulik plötzlich in die obere Stellung gesprungen war. Der Franzose verschaffte sich in der siebzehnten Runde an den Boxen zwar Abhilfe, fiel dann aber – wie Mansell – mit Motorschaden aus. In der fünfundzwanzigsten Runde hatten sich die beiden Verfolger den mittlerweile schon stark untersteuernden Renault bis auf fünf Sekunden genähert. Am Zustand der Reifen lag es jedoch nicht, daß Arnoux den Kampf mit Laffite und Piquet schließlich allein austragen mußte. Schuld am jähen Abgang seines Stallgefährten hatte vielmehr ein gefressenes Radlager am linken Vorderrad mit nachfolgendem Aufhängungsbruch, der den führenden Renault gleich zu Anfang der siebenundzwanzigsten Runde in den Notausgang der Hella-Schikane wedeln und gegen eine Reifenbarriere schleudern ließ. Kurz darauf holte Laffite Arnoux ein.

»Le combat des coqs«, wie französische Journalisten den hin und her wogenden Kampf zwischen Arnoux, der über die höhere Endgeschwindigkeit verfügte, und dem kurvenschnelleren Laffite nannten, zog sich fast über die ganzen dreißiger Runden hin und machte selbst Piquet zu einem harmlosen Beobachter. Laffite bekam seine Chance erst, als sie in der neununddreißigsten Runde auf die Gruppe de Angelis, Patrese, Pironi und Salazar aufliefen.

Während noch Angriff und Parade der gallischen Kampfhähne den Hauptteil des Rennens ausmachten und Pironi durch die Behinderung von Watson, de Angelis und Patrese das Mittelfeld »belebte«, schieden drei weitere Fahrer aus. »Siggi« Stohr rutschte von der Piste, Rebaque hatte Motorschaden und Giacomelli einen Motorbrand. Motorschäden und einem defekten Radlager erlagen in den vierziger Runden auch Alboreto, Salazar, Patrese, Borgudd und Andretti und ließen für den Zieldurchgang nach dreiundfünfzig Runden nur noch Laffite, Arnoux, Piquet, Jones, Reutemann, Watson und die überrundeten de Angelis, de Cesaris, Pironi, Jarier und Daly übrig. Piquet brachte nach Überwindung von Pironi zwar Arnoux nicht mehr in Verlegenheit – kassierte aber vier wertvolle Meisterschaftspunkte.

Flugtag

Siebenmal in den ersten neun Rennen hatte Reutemann gepunktet, siebzehn Zähler (43 : 26) betrug damals sein größter Vorsprung. Das war nach dem Großen Preis von England. Seither lief bei dem Titelanwärter Nummer eins nicht mehr viel zusammen. Ein Ausfall in Deutschland und zwei magere Punkte in Österreich führten Piquet (39 Punkte) wieder bedrohlich nahe heran und auch Laffite (34 Punkte) und Jones (27 Punkte) hatten plötzlich wieder eine Chance. Dem Argentinier – er bekannte es öffentlich – schwand zunehmend das Selbstvertrauen.

Vielleicht lag es daran, daß Reutemann auch in Zandvoort nichts Meisterliches zu bieten hatte. Schon im Training stand er permanent im Schatten seiner nächsten Konkurrenten und schaffte gerade noch einen Startplatz in der dritten Reihe. Prost und Arnoux belegten wieder die erste, Piquet und Jones die zweite und Laffite den Platz neben ihm. Die beiden Renault waren erstaunlicherweise nur sieben Zehntelsekunden langsamer als vor einem Jahr mit gleitenden Schürzen.

Zum Rennen erwischte Reutemann einen seiner schwärzesten Tage seit langem. Daran änderte auch die Tatsache nichts, daß er im warm-up mit vollen Tanks schneller als Piquet, Jones, Prost und Watson war – die verhängnisvolle Begegnung mit Laffite stand ihm erst noch bevor. An dem kurzen Probegalopp nahm auch Michele Alboreto als erste Reserve teil. Der Italiener vertrat seinen Landsmann de Cesaris, der sich im zweiten Zeittraining den dreiundzwanzigsten Saisonunfall geleistet und zur Strafe weder das übel zugerichtete Auto repariert noch den Reservewagen zur Verfügung gestellt bekommen hatte. Die Tage des Bruchpiloten bei McLaren waren gezählt.

Andrea de Cesaris blieb in Zandvoort nicht der einzige Flieger. Augenblicke nach dem Start, noch während sich Prost und Arnoux ausnahmsweise wieder einmal unbehelligt von ihren Hintermännern vor Jones, Piquet, Laffite, Reutemann, Andretti, Watson, de Angelis, Tambay und Pironi in Richtung Tarzankurve auf den Weg machten, schlug Villeneuve mitten im Feld neue Kapriolen. Der Ferrari-Pilot hatte ebenso wie sein Stallgefährte wieder ein schlimmes Training hinter sich und wurde beim Versuch, wenigstens jetzt ein paar Plätze gutzumachen, von Giacomelli unabsichtlich in die Lüfte katapultiert. Villeneuve setzte mit großer Schräglage genau in der zuvor angepeilten Lücke zwischen Patrese und seinem Kollisionspartner auf und kreiselte von da ohne weitere Feindberührung bis übers Ende der Zielgeraden hinaus. Der vielgeschmähte Ferrari war nun wirklich unfahrbar.

Durch Villeneuves Aerobatik brach das Feld zweimal auseinander. Vorn enteilten Prost und Arnoux, in der Mitte schlossen sich Jones, Piquet, Laffite, Reutemann, Andretti, Watson, de Angelis, Tambay und Pironi zu einer Kampfgruppe zusammen und dann kam der Rest mit Patrese, Rebaque, Giacomelli, Daly, Mansell, Surer, Jarier, Salazar, Cheever, Stohr, Alboreto und Borgudd. Noch in der Tarzankurve drehte Reutemann seinem Nachbarn Andretti den Frontflügel auf 13 Uhr 40 und wenig später stellte auch Pironi seinem Nebenmann Tambay ein Bein. Der Talbot Ligier war out, der Ferrari folgte beim zweiten Boxenstopp nach und Mansell und Daly schlossen den Reigen der frühen Ausfälle mit einer defekten Zündung und einer gebrochenen Sandwichplatte im Bereich einer Radaufhängung.

Anders als in Zeltweg kamen die Renault trotz anfänglichem Bodengewinn nie so richtig vom Gegner los und Arnoux mußte es sich gegen Ende der dritten und fünften Runde sogar gefallen lassen, daß ihn Jones und Piquet jeweils nach Bos uit, dem schnellen Rechtsknick vor der Zielgeraden, aus dem Windschatten heraus abfingen. Bis zur dreizehnten Runde gingen auch Laffite, Reutemann und Watson vorbei, und an der Spitze fiel es Prost immer schwerer, zwei bis drei Sekunden Abstand von Jones zu halten. Die Härte des Führungskampfes spiegelt sich in der von Jones gerade zu dieser Zeit – also mit fast vollen Tanks – gedrehten Rekordrunde des Rennens.

Den Zweikampf des Tages aber lieferten sich Laffite und Reutemann. Der Argentinier, ganz offensichtlich im schnelleren und diesmal auch besser abgestimmten Auto, hatte das Pech, beim Start links von dem Franzosen zu stehen und ihn bis zur Tarzankurve nicht ausbeschleunigen zu können. Seither versuchte er den nach Zeltweg nicht weniger entschlossenen Tabellendritten erst vom fünften und dann vom vierten Platz zu drängen. Wo immer er eine Gelegenheit dazu sah, ging er auf Tuchfühlung heran, zwei- oder dreimal lag er in der Bremszone der Tarzankurve auch schon fast auf gleicher Höhe. All diesen Angriffen fehlte jedoch die Entschlossenheit, mit der zum Beispiel Jones bei der Verfolgung von Prost zur Sache ging, und Laffite hatte keine besondere Mühe, sie immer wieder abzuwehren. Schließlich drehte Reutemann regelrecht durch und fuhr Laffite in der Tarzankurve geadewegs in die Flanke. Statt sichere zwei oder glückliche drei bis vier Punkte mitzunehmen, eliminierte er sich selbst und seinen Gegner auf der Stelle, wenn man seine Flucht vom Tatort auf drei Rädern nicht mehr zum Rennen zählt. Pfiffe aus dem Publikum begleiteten seinen unrühmlichen Abgang nach achtzehn Runden.

Ähnliche Szenen an gleicher Stelle spielten sich mittlerweile auch zwischen Jones und Prost ab. Allerdings versuchte der Australier sein Glück vorsorglich auf der Außenbahn, wo er die Entwicklung mit dem Gasfuß leicht kontrollieren konnte, und es war geradezu Ironie des Schicksals, daß er ausgerechnet in der seinem Stallgefährten zum Verhängnis gewordenen neunzehnten Passage die Nase für ein paar hundert Meter vorn hatte. Das gleiche wiederholte sich zwischen der dreiundzwanzigsten und vierundzwanzigsten Runde, und als Prost die Reihenfolge erneut korrigierte, sollte es für immer sein. Prost und Jones folgten nur noch Piquet, Watson, Rebaque, de Angelis, Jarier, Surer, Cheever, Alboreto, Borgudd, Salazar, Stohr und Andretti, der sich an den Boxen inzwischen einen neuen Frontflügel geholt hatte. Patrese war kurz vor Reutemann und Laffite mit einem Aufhängungsbruch – angeblich auch eine Folge des Startunfalls – ausgeschieden, Giacomelli und Arnoux hatten glimpflich verlaufene Crashs und Jarier gesellte sich in der dreißigsten Runde mit Motorschaden zu den überdurchschnittlich vielen Aussteigern.

Ungefähr zehn Runden nach der zweiten – und nur durch das ungeschickte Verhalten von Alboreto bei seiner Überrundung möglichen – kurzen Führung zwischen Bos uit und der Tarzankurve begann für

Jones eine ungemütliche Zeit. Die gewählten Reifen erwiesen sich auf die Dauer als zu weich und der Williams geriet allmählich so ins Übersteuern, daß der erneut glücklose Titelverteidiger sich bald mehr nach hinten als nach vorn orientieren mußte – Prost entkam und Piquet gab seine schon länger geübte Zurückhaltung auf.

In den dreißiger Runden waren die Verschiebungen unter den Spitzenreitern noch geringfügig und auch in den vierzigern bewegte sich Jones nur langsam auf Piquet zu. Stohr und Borgudd wechselten Reifen, Cheever brach eine Vorderradaufhängung und Watson hatte Zündausfall. Zwischen der fünfzigsten und sechzigsten Runde büßte Jones acht Sekunden gegen Prost ein und verlor neun seiner achtzehn Sekunden Vorsprung vor Piquet. Andretti absolvierte die dritte große Flugnummer des Wochenendes, nachdem ihm bei Hunzerug der linke Vorderreifen geplatzt war, und mußte aus dem Wrack befreit werden. In der sechsundsechzigsten Runde holte Piquet Jones ein und in der neunundsechzigsten ging er vorbei – Prost, Piquet, Jones, Rebaque, de Angelis, Salazar, Stohr, Surer, Alboreto und Borgudd war die Reihenfolge im Ziel. Auf der Tabelle aber hatte Piquet bei geringem Vorteil durch bessere Plazierungen mit Reutemann gleichgezogen.

Schlagabtausch

Carlos Reutemann erreichte Monza in einer Verfassung, die sein derzeitiges Formtief, Zandvoort und die Tatsache, daß für ihn hier alles noch einmal von vorn begann, schnell vergessen ließ. Weder der ernüchternde Punktegleichstand mit Piquet noch die zum Teil bedrohliche Nähe von Laffite, Jones und dem runner-up Prost wirkten sich auf diesen Einsatz aus, wenngleich es im Rennen selbst vielleicht auch am letzten Schliff fehlte – in der Beurteilung des Wetters lag er etwas daneben. Dafür sahen ihn die freien und gewerteten Trainingsläufe stets bei den abonnierten »Trainingssiegern« von Renault, die Startaufstellung zwischen den beiden. Nur Laffite hielt noch halbwegs mit.

Anders als sein Teamgefährte fühlte sich Alan Jones an diesem Wochenende nicht besonders wohl. Nach einer Rauferei mit Farbigen in London (Ich ging zwar k.o., aber ich denke, daß auch die Gegenseite ordentlich bedient wurde...) trat der Weltmeister mit gebrochenem Finger und bandagierter rechter Hand an und tat sich beim Lenken und Schalten entsprechend schwer. Dennoch belegte er vor Piquet, Watson, Pironi, Villeneuve, Giacomelli, de Angelis, Mansell und Andretti den fünften Startplatz. Sicherlich war er damit eher zufrieden als die Ferrari- und Alfa Romeo-Fahrer mit ihren Trainingsresultaten – und weniger als Henton und die »Tolemänner« mit ihrer ersten Qualifikation. Die Briten wollten nur durchkommen, denn das hatte noch kein Turbo im ersten Rennen geschafft.

Trotz seiner schlechten Ausgangsposition erfüllte Didier Pironi beinahe die Pflicht eines jeden Ferrari-Fahrers, den Großen Preis von Italien wenigstens einmal anzuführen. Schon bei der Rückkehr aus der letzten Anwärmrunde richtete er es so ein, daß er hinter Jones und Piquet auf Lücke zu stehen kam, stach beim Start zwischen den beiden durch und bremste nach dreihundert Metern Laffite vor der ersten Schikane aus. Genauso verfuhr er mit Arnoux vor der Lesmo- und mit Reutemann vor der Ascari-Schikane. Nur Prost, den zweiten Blitzstarter, bezwang er nicht, und so lautete der erste Durchgang bei Start und Ziel: Prost vor Pironi, Reutemann, Arnoux, Piquet, Jones, Laffite und Villeneuve.

Weder Pironi noch ein anderer hatte danach je wieder Gelegenheit, Prost auch nur aus der Nähe zu sehen. Während Villeneuve zum großen Vergnügen der rund 200000 Tifosi in den nächsten beiden Runden mit Piquet und Jones die Plätze tauschte, entschwand der inzwischen längst zur Nummer eins seines Teams avancierte Franzose in unerreichbare Ferne und erweckte dabei auch noch den Eindruck, als stecke nicht die geringste Anstrengung dahinter. Ein dumpfes Dröhnen, als wenn der Motor zu knapp bei Drehzahl gehalten würde, und eine Kurvenfahrt wie auf Schienen täuschten neben dem Gebrüll der Sauger und der oft beängstigenden Unruhe in den Fahrgestellen der Konkurrenten eine geradezu gemächliche Gangart vor.

Lange hielt die Begeisterung auf den überfüllten Rängen, den windschiefen Eigenbautribünen und den zu Hochsitzen umfunktionierten Plakatwänden allerdings nicht vor – nach nur vier glorreichen Runden auf dem zweiten Platz begann Pironis Abstieg ins Mittelmaß, nach fünf brannte Villeneuve ein Lader durch. Noch während der Kanadier unter dem eisigen Schweigen seiner ungezählten Fans einen Feuerschweif bis an die Boxen zog, folgten Laffite und Reutemann dem Beispiel Arnoux' und verwiesen Pironi wieder dorthin, wohin er aufgrund seiner Trainingsleistung auch gehörte – der italienische Grand Prix war fest in gallischer Hand.

Prost vor Arnoux und Laffite, das weckte Erinnerungen an Zeltweg. Vielleicht hätten sie den Hahnenkampf fortgesetzt, doch ein slow-puncture am rechten Hinterrad ließ Laffite nicht einmal gegen Reutemann bestehen. Diesmal überholte der Argentinier glatt, dann gingen Pironi, Jones und Piquet wieder vorbei und schließlich auch Giacomelli, Watson und Daly. Laffite wartete viel zu lange auf den Abbruch des Rennens wegen leichter Niederschläge im Streckenabschnitt Lesmo/Serraglio und büßte den versäumten Reifenwechsel in der zwölften Runde mit Ausritt und Ausfall bei der ersten Schikane. Reifenschäden stoppten auch Borgudd und Salazar.

Kurz vor Laffites Ausfall breitete sich der Regen über den ganzen Kurs aus. Viele Fahrer, darunter auch Alain Prost, der immerhin den Verlust seines Vorsprungs und die Gefährdung seines Turbomotors durch die solchen Aggregaten besonders abträgliche Unterbrechung riskierte, drängten per Handzeichen zum Abbruch. Aber die Rennleitung reagierte nicht. Rundenlang pflügten Prost und Arnoux durch das stellenweise schon beängstigend tiefe Naß und zehn Sekunden hinter Arnoux taten es ihnen Reutemann und Jones – und ab der zwölften Runde Jones vor Reutemann – gleich. Gerade in dieser Phase hatte der Weltmeister einen unheimlichen »go« und verwies nacheinander Laffite, Pironi und seinen Stallgefährten auf die Plätze. In der dreizehnten Runde gewann er noch einen Platz dazu, als der unglückliche Arnoux beim Versuch, dem vor ihm gestrandeten Cheever auszuweichen, sich selbst in den Sand und ins Aus drehte.

Sein Fehler, meinte Reutemann später, sei es gewesen, fest an gutes Wetter zu glauben. Im Gegensatz zu Jones war er mit voller Trockenabstimmung – ohne Frontflügel, mit zu schwach geneigter Heckschwinge und zu hartem linken Hinterreifen (B- statt C-Typ) – ins Rennen gegangen und schwamm nun förmlich auf der Piste einher. In nur einer Runde, der sechzehnten, verlor er an Giacomelli, Piquet, Pironi, Tambay und Watson fünf Plätze und kam nur durch spätere Unfälle von Watson und Tambay und einen Boxenstopp von Giacomelli, dem der Schalthebel im fünften Gang festsaß, allmählich wieder hoch. Der Unfall von Watson war im Ablauf einer der schlimmsten der ganzen Saison und der glücklich entronnene Ire hatte allen Grund, danach noch einmal Geburtstag zu feiern – der McLaren brach beim Aufprall auf die Leitplanken der besonders stark angeregneten zweiten Lesmo-Kurve zwischen Monocoque und Motor auseinander und fing durch eine abgerissene Kraftstoffleitung kurz Feuer. Cockpit und Tank als Teile der Zelle aus geklebter Kohlefaser hielten aber zusammen, schützten den Fahrer und verhinderten weiteren Kraftstoffaustritt.

Noch während der Sicherung der Unfallstelle – der schon mehrfach überrundete Alboreto war bei den Ausweichmanövern ebenfalls in die Leitplanken geknallt und Tambay hatte sich in den Trümmern den Reifenschaden zum eigenen Crash geholt – ließ der Regen nach und hörte wenig später ganz auf. Prost nutzte die Gelegenheit, seinen Vorsprung schnell weiter auszubauen und lag nach dreißig der zweiundfünfzig Runden über zwanzig Sekunden vor Jones. Fast im gleichen Abstand folgte Piquet dem Weltmeister, dann kam Pironi. Andretti genoß gerade seine letzten Runden vor Reutemann, den er bei der Passage des Watson-Wracks ausgetrickst hatte, und hinter den beiden fuhren noch de Cesaris, de Angelis, Daly und die überrundeten Jarier, Giacomelli und Henton. Reutemann überholte Andretti in der dreiunddreißigsten Runde und schob sich in der achtunddreißigsten auch an Pironi vorbei – jetzt stimmte die Abstimmung wieder und die Jagd auf Piquet und seine vier Punkte konnte beginnen.

Zwölf Sekunden trennten Reutemann von Piquet, nur noch fünf waren es sechs Runden später. Zwi-

schen der fünfundvierzigsten und siebenundvierzigsten Runde zog Piquet wieder auf sieben Sekunden davon, dann konterte Reutemann mit der schnellsten Runde des Rennens und kam erneut auf fünf Sekunden heran. Dabei wäre es aber auch geblieben, hätte es nicht Piquet noch in der letzten Runde buchstäblich den Motor zerrissen – der »Cossie« war nur noch ein Gerippe, durch das der Fahrtwind pfiff. Einen Punkt für den sechsten Platz hinter Prost, Jones, Reutemann, de Angelis und Pironi nahm der Brasilianer allerdings mit, denn einer Ölspur wie der seinen konnte de Cesaris natürlich nicht widerstehen...
De Cesaris wurde als siebter gewertet, und dann kamen noch Giacomelli, Jarier und der tatsächlich ins Ziel gelangte Toleman-Debütant Henton.

Wasserschlacht

Südamerikaner gegen Franzosen, ein Australier gegen alle, britische Teams gegen französische, ein Reifenhersteller gegen den andern – die herannahende Entscheidung war überall zu spüren: Reutemann verfügte in Montreal plötzlich über einen eigenen Reservewagen, Piquet erhielt einen brandneuen BT 49 C (15) und Goodyear bot seit Monza wieder Qualifikationsreifen an. Renault, Talbot Ligier und Michelin taten für ihre Fahrer ohnehin was sie konnten – es war ein Wettrüsten ohnegleichen.
Vor allem die Bemühungen der beiden großen britischen Teams und ihres amerikanischen Reifenlieferanten zeitigten wenigstens im Training Erfolg: Piquet, Reutemann und Jones sicherten sich die besten Startplätze. Prost und Arnoux wurden durch drei weitere Fahrer aus dem Goodyear-Lager – Mansell, Rebaque und de Angelis – getrennt und Laffite belegte mit Watson zusammen sogar nur die fünfte Reihe. Noch schlechter waren Villeneuve und Pironi in der sechsten plaziert.
An den katastrophalen Witterungsverhältnissen lag es nicht, daß es trotz des reibungslosen Trainingsverlaufs beinahe keinen kanadischen Grand Prix gegeben hätte. Wie der sintflutartige Regen nach warmen und sonnigen Tagen überraschte der Veranstalter die Akteure mit der Nachricht, seine Versicherung hafte nicht für durch sie oder an ihnen entstandenen Schäden und das Rennen könne erst bei Vorlage einer von allen Teams unterzeichneten Verzichterklärung freigegeben werden. Bernie Ecclestone schaffte die Angelegenheit schließlich aus der Welt, indem er für Brabham unterschrieb und auch seine Kollegen zur Unterzeichnung bewog – im Ernstfall mußten eben die privaten Versicherungen von FOCA, Teams und Fahrern genügen. Das Rennen wurde mit großer Verspätung gestartet.
Wenn überhaupt noch eine Steigerung möglich war, dann erreichten die Niederschläge ihren Höhepunkt etwa zur Zeit der Anwärmrunden. Besonders in den Goodyear-Teams Brabham, Lotus, Tyrrell und Williams gab es lange Gesichter, da sich die Fahrer bei ihrer Rückkehr von ihren Regenreifen wenig begeistert zeigten und in einzelnen Fällen sogar noch von 13 auf 15 Zoll-Vorderräder wechselten. Chancengleichheit zwischen den Titelaspiranten Reutemann, Piquet und Jones auf Goodyear- und Laffite und Prost auf Michelin-Seite bestand also nicht.
Beim Start beherrschten die Goodyear-Fahrer noch die Szene. Unter dem Gischt der durchdrehenden Räder schossen Reutemann, Jones und Piquet davon und drängten sich im Pulk in den ersten Turn. Jones störte es offenbar wenig, daß er vergangenes Jahr hier mit Piquet kollidierte und griff auf die gleiche Art nun seinen Stallgefährten an. Doch Reutemann war eine Spur besser plaziert als damals Piquet und das Räderboxen begann erst hinter der Kurve. Rücksichtslos manövrierte sich Jones in Front, und während Reutemann noch seinen Kurs korrigierte, schlüpften auch Piquet, Prost und de Angelis vorbei. Reutemann versank mit den andern hoffnungslos in ihrem Spray. Ein Stück weiter in der Runde tippte Villeneuve auf seinem Eilmarsch durchs Feld Arnoux an und schickte ihn geradewegs in die Leitplanken. Pironi geriet beim Ausweichen aufs Gras und fiel elf Plätze zurück.
Durch freie Sicht und freie Bahn begünstigt, hielten sich Jones und Piquet zunächst noch wacker an der Spitze, während Reutemann im Sog der Konkurrenten geradezu nach hinten gerissen wurde. Nach nur vier Runden lag er schon auf dem siebzehnten Platz

und durfte nicht einmal mehr auf Punkte hoffen. Mit der Zeit schoben sich aber Prost und Laffite, der bereits de Angelis abgefangen hatte, immer näher an die beiden Spitzenreiter heran und holten sie auch ein. Jones hielt dem Druck nur bis zur siebten Runde stand und drehte sich dann direkt vor Piquet. Bis Piquet sich von seinem Schreck erholt und Jones den Williams wieder in Fahrtrichtung gebracht hatte, lag der Brasilianer hinter Prost, Laffite und Villeneuve an vierter und der Australier noch hinter Watson und de Angelis an siebter Stelle. Michelin schied sich von Goodyear. Patrese, Tambay und Salazar setzten die Ausfälle mit Drehern fort.
Alain Prost verlor den Zweikampf mit Laffite diesmal schon nach sechs Runden und mußte sich in der fünfzehnten Runde auch Villeneuve geschlagen geben. Die äußeren Bedingungen des Rennens behagten ihm ebensowenig wie dem Tabellenführer, der inzwischen sogar schon überrundet war. Kurz darauf unterlag Prost noch Watson und Pironi, gewann aber in der fünfundzwanzigsten Runde durch einen Motorschaden des französischen Ferrari-Piloten wieder einen Platz zurück. In der gleichen Runde schied Alan Jones aus dem Kreis der Titelanwärter aus. Der Weltmeister des vergangenen Jahres hatte nach seinem Dreher zwei Boxenstopps eingelegt und schließlich »ein kühles Bier dem kalten Regen« vorgezogen.
Jacques Laffite und der Michelin-bereifte Talbot Ligier entpuppten sich schnell als die ideale Regen-Kombination. Trotz aller Bemühungen des Lokalmatadors genügten dem Franzosen die ersten dreizehn Runden seiner Führung, um sich zwölf Sekunden von Villeneuve abzusetzen, und mit dem gleichen Schwung wiederholte er das Ganze, nachdem ihn Andretti bei seiner Überrundung vier Runden lang gesperrt hatte. Villeneuve selbst wurde inzwischen von Watson gejagt, und weit hinter den beiden planschten noch Prost, Giacomelli, Piquet, de Cesaris, Daly, de Angelis, Andretti, Surer, Cheever, Mansell, Borgudd, Reutemann und Alboreto durch die Pfützen. Jarier und Rebaque hatten sich im siebenundzwanzigsten Umlauf beim Überrunden »getroffen« und der Franzose war gleich, der Mexikaner neun Runden später auf der Strecke geblieben. Watson vertrieb Villeneuve in der achtunddreißigsten Runde vom zweiten Platz.
Gegen Ende des Rennens ließ der Regen nach und in der Spur der Wagen zeichnete sich allmählich der »Strich« ab. Watson löste sich mit der Bestzeit aller von Villeneuve, ohne damit nennenswert gegen den schon wieder achtzehn Sekunden entfernten Laffite aufzuholen, und Giacomelli näherte sich Prost. In der einundvierzigsten Runde flog Borgudd hinaus, in der dreiundvierzigsten rammte Villeneuve Daly und in der achtundvierzigsten kollidierte Prost mit dem drei Runden zurückliegenden Mansell. Doch während Villeneuves Stoß nach Daly beim Anbremsen der Spitzkehre für den Kanadier mit einem nach oben geklappten und im Verlauf weiterer Rempeleien mit anderen Fahrern schließlich abgeschüttelten Frontflügel und für den Iren mit einem Platzverlust an de Angelis abging, bedeutete das Mißverständnis zwischen Prost und dem in die Boxengasse einbiegenden Mansell für beide das Aus – Prost setzte genau dort zum Überholen an, wohin Mansell steuerte. Der obligate Crash von de Cesaris und ein Motorschaden bei Cheever waren die letzten größeren Ereignisse in diesem Rennen, das der zum Schluß vorsichtiger gewordene Laffite nach Ablauf der höchstzulässigen Dauer von zwei Stunden knapp sechs Sekunden vor Watson und bis zu vier Runden vor Villeneuve, Giacomelli, Piquet, de Angelis, Andretti, Daly, Surer, Reutemann und Alboreto gewann.

Entscheidung

Laffites Sieg und die Plazierungen von Piquet und Reutemann in Montreal hielten den Titelkampf bis zuletzt offen. Tabellenführer Carlos Reutemann (49 Punkte) konnte Weltmeister werden, wenn er vor Piquet oder direkt hinter dem eventuell siegreichen Laffite durchs Ziel ging, Nelson Piquet (48 Punkte), wenn er den nicht höher als viertplazierten Reutemann schlug oder gleichfalls die sechs Punkte für den zweiten Platz hinter Sieger Laffite kassierte, und Jacques Laffite (43 Punkte), wenn er vor den nicht höher als viert- und fünftplazierten Piquet und Reu-

temann gewann oder in einem punktfreien Rennen der beiden mindestens den zweiten Platz belegte. Für den Gleichstand zweier Fahrer sah das Reglement eine Bewertung nach der Güte ihrer Plazierungen in allen Rennen vor.
Auf dem neuen »Go-Kart-Circuit« (Piquet) über die Parkplätze von Caesars Palace in Las Vegas schuf sich Reutemann die besten Voraussetzungen für den ganz großen Erfolg. Zwischen den hüfthohen und von den Fahrern heftig kritisierten Begrenzungsmauern rechts und links der Piste absolvierte er den 3,64 km-Blindflug in 1.17,821 und sicherte sich vor Jones (1.17,995) die Pole-position. Piquet (1.18,161) stand neben Villeneuve in der zweiten Startreihe und Laffite (1.19,167), der von allen dreien den Sieg oder den zweiten Platz am allernötigsten brauchte, neben Patrese erst in der sechsten. Die Mischung dazwischen bestand aus Prost, Watson, Tambay, Giacomelli, Mansell und Andretti.
Neben aller Kritik und dem Empfinden vieler, ein Hotelparkplatz sei vielleicht doch nicht der richtige Austragungsort für ein Weltmeisterschaftsfinale, hatte der zweite US-Grand-Prix aber auch einen unbestreitbaren Vorteil: die kalifornische Sonne. Sie schien auf die in dieser Hinsicht schon lange nicht mehr verwöhnten Akteure am ersten Trainingstag herab, sie blieb ihnen am zweiten treu und sie ließ sie auch im Rennen nicht im Stich – Goodyear hatte das ganz gut im Griff.
Für zwei der drei Titelanwärter verlief der wegen anderer Sportsendungen im Fernsehen um eine halbe Stunde verschobene Start nicht eben berauschend: Carlos Reutemann verlor den Sprint zur ersten Kurve gegen Jones, Villeneuve und Prost und Nelson Piquet unterlag außerdem noch Giacomelli. Nur Jacques Laffite verzeichnete Platzgewinne und lag nach der Startrunde sogar schon vor Piquet an siebter Stelle. Dem Brasilianer folgten Mansell, Tambay, Andretti, de Cesaris, Arnoux, Rebaque, Cheever, Patrese, de Angelis, Pironi, Rosberg, Warwick, Salazar, Alboreto und Surer, während Jarier mit abgescherter Gelenkwelle nicht weit vom Startplatz parkte.
Im Schatten des Titelkampfes machte Alan Jones den letzten Grand Prix des Jahres ganz zu seinem Rennen. Frei von allen taktischen Zwängen entfaltete der Exweltmeister noch einmal sein ganzes Können und zeigte Freund und Feind, wozu er auch nach ernsthaften Gesprächen über seinen möglichen Rücktritt noch fähig war. Immer weiter ließ er das Feld hinter sich und drehte dabei eine Rekordrunde nach der andern. An seiner Stelle hätte Reutemann den Titel schon so gut wie sicher gehabt.
Statt nun aber an der Spitze mitzumischen, wie er es anfangs der Saison so oft – und manchmal sogar gegen den Willen seines Teamchefs – getan hatte, schlug sich Carlos Reutemann mit Handling- und Schaltproblemen herum, ließ Watson und den entfesselten Laffite ohne Gegenwehr passieren und beschränkte sich nach dem Ausfall des vierten Gangs ganz darauf, den an seinen Hinterrädern klebenden Piquet zu sperren. Auf die Dauer hielt er das natürlich nicht durch, und so war er – ein weiter störungsfreies Rennen von Piquet vorausgesetzt – nach einer cleveren Attacke des Brasilianers in der siebzehnten der fünfundsiebzig Runden der erste, der aus dem Kreis der Titelanwärter ausschied. Jones lag zu dieser Zeit schon über fünfzehn Sekunden vor Prost und Villeneuve, der noch nichts davon wußte, daß ihn die Rennleitung wegen Überfahrens seiner Startmarkierung inzwischen disqualifiziert hatte, und weitere vier bis sieben Sekunden vor Giacomelli, Laffite, Watson und Piquet. Reutemann folgten nur noch Andretti, Mansell, Patrese, Rebaque, Alboreto, Rosberg, de Cesaris, Warwick, Surer, Pironi und Salazar, da mittlerweile auch de Angelis, Arnoux und Cheever mit technischen Defekten und Tambay durch Unfall nach einer Radberührung mit de Cesaris ausgefallen waren.
Mit der Bereitschaft zum vollen Risiko hatte Jacques Laffite diese letzte große Herausforderung angenommen und er resignierte auch nicht, als ihm Piquet durch den siegreichen Zweikampf mit Watson, einen Dreher von Giacomelli und den Ausfall des zwischenzeitlich vorbeigeschlüpften Andretti durch Querlenkerbruch immer näher kam und ab der dreißigsten Runde beharrlich auf den Fersen blieb. In der dreiunddreißigsten Runde erreichte der zähe Franzose durch einen Reifenwechsel seines Landsmannes Prost sogar den – bei der augenblicklichen Konstellation allerdings wertlosen – zweiten Platz.

Sein Pech war jedoch nicht nur die Anhänglichkeit des nicht weniger ehrgeizigen Brasilianers, sondern auch das ungleich schlechtere Verhalten der Michelins als im regnerischen Montreal, das ihn wie zuvor de Cesaris, Pironi, Watson und Prost in der dreiundfünfzigsten Runde zum Reifenwechsel zwang. Als er hinter Jones, Prost, Mansell, Piquet, Giacomelli, Reutemann und Watson das Rennen wieder aufnahm, waren seine Titelchancen endgültig dahin. Während seines Auf- und Abstiegs schieden auch Surer, Rebaque, Villeneuve und der zweite Toleman-Debütant Warwick durch einen Aufhängungsbruch, klemmende Gasschieber, einen Brand in der Einspritzanlage und Getriebeschaden aus.

Als Nelson Piquet in der zweiundfünfzigsten Runde den dritten Platz zum zweitenmal verlor und er kurz nach Mansell auch Giacomelli vorbeilassen mußte, geriet seine erste Weltmeisterschaft noch einmal in Gefahr. Doch Watson und Laffite bereinigten für ihn die heikle Situation, indem sie Reutemann endgültig aus den Punkten warfen, und so holte sich schließlich der Mann im besseren Auto und vielleicht auch mit den besseren Nerven den hartumkämpften Titel. Das Rennen gewann Jones im Schongang – er hatte bei Halbzeit über fünfundvierzig Sekunden Vorsprung – vor Prost, Giacomelli, Mansell, Piquet, Laffite, Watson, Reutemann, Pironi, Rosberg, Patrese und de Cesaris.

Doppelseite 82/83:
Weltmeister Nelson Piquet im Führungskampf mit Gilles Villeneuve und Elio de Angelis

Doppelseite 84/85:
Slim Borgudd driftet um den Österreichring

Doppelseite 86/87:
Alain Prost (15) und Alan Jones (1) rollen das Feld von hinten auf

Ferrari als rollende Straßensperre (links) und als Sieger

Agip
GITANES
L'AUTOMOBILE
Agip Agip Agip Agip Agip Agip
MICHELIN
27

CHE
GNO

parmalat
parmalat
5
parmalat
BRABHAM
MICHELIN
Marlb

ABBA
ATS
9
ATS

32
ABBA
ATS
Shell
STEINBOCK
ATS

33

TANES 26
DENIM
DENIM
After Shave
TAG
1
elf RENAULT elf
MICHELIN
2
elf
15
MICHELIN

Player Special
John
Player
Special
TISSOT
QUARTZ
GOODYEAR
12

John Player
Player Special
John
Player
Special
TISSOT
QUARTZ
GOODYEAR
11

Castrol
MICHELIN
MICHELIN
Marlboro
Marlboro
7
UNIPART

THEODORE
Valvoline
sport-auto
33
THEODORE RACING
sport-auto
THEODORE

Abschuß: Reutemann und Laffite in Zandvoort; Aufprall: Arnoux in Monaco; Abkürzung: Villeneuve in Zolder; Rekord: de Cesaris in Zandvoort

Doppelseite 88/89: Schürzen in Aktion, in »Ruhestellung«, die Spuren, die sie hinterlassen, bei der Kontrolle – und die beste Art, sie loszuwerden.

Marlboro
Marlboro
Marlboro

Mißglückte und gelungene Premiere: Lotus 88 und McLaren MP 4

Canon
11
TISSOT

Marlboro
UNIPART
7
Valvoline

FLY saudia
saudia
Techniques
d'Avant Garde
Marlboro
CHAMPION

Carlos Reutemann zeigte zu früh Nerven

Hockenheim, das alljährliche Renault-Williams-Duell

TITAN
RENAULT elf
elf
15
TAG
2

TALB

Zum Schluß noch Titelchancen: Jacques Laffite auf Talbot Ligier JS 17

In die Zange genommen: Gilles Villeneuve beim Start in Zandvoort

RENAULT
Marlboro

MICHELIN
FIAT
Agip

**Kurvenkampf:
Alain Prost behauptet sich
gegen Alan Jones**

FLY saudia
saudia
TAG
1
GOODYEAR
GOODYEAR
LIN

Renault schlägt Ferrari in Monza

Motta
Agip
ESSO
Agip
PAVIA
Gulf
MAGNETI MARELLI
FINA
RENAULT elf

Großer Preis der USA 1

STRECKE

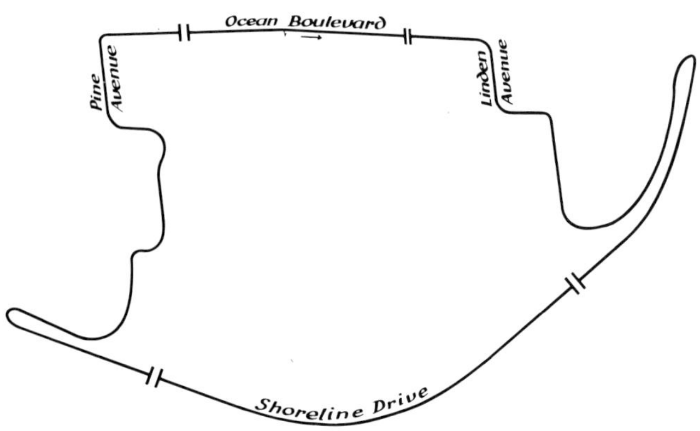

Ort und Datum	**Long Beach, 15. März**
Streckenlänge	**3,25 km**
Runden	**80 (Start Shoreline Drive, Ziel Ocean Boulevard)**
Renndistanz	**261,7 km**
Bestehender Rundenrekord	**1.19,83 = 146,601 km/h Nelson Piquet Brabham BT 49 GP 1980**
GP-Sieger 1980	**Nelson Piquet, Brabham BT 49 1:50.18,550 = 142,385 km/h**

TRAININGSZEITEN

Nr.	Fahrer	Wagen	13. März	14. März
1	Alan Jones	Williams FW 07 C/11+10	1.20,911	1.19,408
2	Carlos Reutemann	Williams FW 07 C/12	1.21,739	1.20,149
3	Eddie Cheever	Tyrrell 010/2+3	1.22,992	1.20,643
5	Nelson Piquet	Brabham BT 49 C/11+9	1.22,675	1.20,289
6	Hector Rebaque	Brabham BT 49 49 C/12	1.23,298	1.21,000
7	John Watson	McLaren M 29 F/4+MP 4/1	1.26,419	1.22,183
8	Andrea de Cesaris	McLaren M 29 F/5+2	1.23,728	1.22,028
9	Jan Lammers	ATS D 4/05	1.23,802	1.21,758
11	Elio de Angelis	Lotus 81 B/3+88/1	1.22,380	1.20,928
12	Nigel Mansell	Lotus 81 B/2	1.22,461	1.20,573
14	Marc Surer	Ensign MN 15	1.28,045	1.21,522
15	Alain Prost	Renault RE 26 B+RE 22 B	1.23,049	1.20,980
16	Rene Arnoux	Renault RE 27 B	1.23,363	1.21,540
20	Keijo Rosberg	Fittipaldi F 8 C/3	1.23,356	1.21,001
21	Chico Serra	Fittipaldi F 8 C/4	1.26,730	1.21,409
22	Mario Andretti	Alfa Romeo 179 C/02+01	1.22,020	1.20,476
23	Bruno Giacomelli	Alfa Romeo 179 C/03	1.22,592	1.20,664
25	Jean-Pierre Jarier	Talbot Ligier JS 17/03	1.21,722	1.20,787
26	Jacques Laffite	Talbot Ligier JS 17/02+01	1.23,140	1.20,925
27	Gilles Villeneuve	Ferrari 126 CK/051+CX/049	1.21,723	1.20,462
28	Didier Pironi	Ferrari 126 CK/050+CX/049	1.21,828	1.20,909
29	Riccardo Patrese	Arrows A 3/3	1.21,983	1.19,399
32	Beppe Gabbiani	Osella FA 1 B/03	1.24,032	1.22,213
33	Patrick Tambay	Theodore TY 01	1.23,373	1.21,298
	Nicht qualifiziert:			
4	Kevin Cogan	Tyrrell 010/1	1.25,164	1.22,284
18	Eliseo Salazar	March 811 RM/03	1.25,017	1.22,356
31	Miguel Guerra	Osella FA 1 B/04	1.25,190	1.22,673
30	Siegfried Stohr	Arrows A 3/2+1	1.23,504	keine Zeit
18	Derek Daly	March 811 RM/02	1.26,074	1.24,383

RUNDENTABELLE

Nr.	Fahrer	Wagen	1	2	3	4	5	6	7	8	9	10	11	12	13	14	15	16	17	18	19	20	21	22	23	24	25	26	27	28	29	30	31	32	33
29	Riccardo Patrese	Arrows A 3/3	29	29	29	29	29	29	29	29	29	29	29	29	29	29	29	29	29	29	29	29	29	29	29	29	2	2	2	2	2	2	2	1	1
1	Alan Jones	Williams FW 07 C/11	1	2	2	2	2	2	2	2	2	2	2	2	2	2	2	2	2	2	2	2	2	2	2	2	29	1	1	1	1	1	1	2	2
2	Carlos Reutemann	Williams FW 07 C/12	2	1	1	1	1	1	1	1	1	1	1	1	1	1	1	1	1	1	1	1	1	1	1	1	1	29	5	5	5	5	5	5	5
5	Nelson Piquet	Brabham BT 49 C/11	28	28	28	28	28	28	28	28	28	28	28	28	28	28	28	28	5	5	5	5	5	5	5	5	5	5	28	28	28	28	28	28	28
27	Gilles Villeneuve	Ferrari 126 CK/051	5	5	5	5	5	5	5	5	5	5	5	5	5	5	5	5	28	28	28	28	28	28	28	28	28	28	3	3	3	3	3	3	3
22	Mario Andretti	Alfa Romeo 179 C/02	27	27	27	27	27	27	27	27	27	27	27	27	27	27	27	27	27	3	3	3	3	3	3	3	3	3	22	22	22	22	22	26	26
12	Nigel Mansell	Lotus 81 B/2	3	3	3	3	3	3	3	3	3	3	3	3	3	3	3	3	3	22	22	22	22	22	22	22	22	22	26	26	26	26	26	22	22
3	Eddie Cheever	Tyrrell 010/3	22	22	22	22	22	22	22	22	22	22	22	22	22	22	22	22	22	26	26	26	26	26	26	26	26	26	20	20	20	20	20	20	23
23	Bruno Giacomelli	Alfa Romeo 179 C/03	26	26	26	26	26	26	26	26	26	26	26	26	26	26	26	26	26	20	20	20	20	20	20	20	20	20	23	23	23	23	23	23	20
25	Jean-Pierre Jarier	Talbot Ligier JS 17/03	11	11	11	11	11	20	20	20	20	20	20	20	20	20	20	20	20	23	23	23	23	23	23	23	23	23	33	33	33	33	33	33	33
28	Didier Pironi	Ferrari 126 CK/050	23	23	23	23	20	11	11	11	11	11	11	11	23	23	23	23	23	25	25	25	25	25	25	25	25	33	25	25	25	25	25	25	25
26	Jacques Laffite	Talbot Ligier JS 17/02	12	20	20	20	23	23	23	23	23	23	23	23	25	25	25	25	25	33	33	33	33	33	33	33	33	25	14	14	14	14	14	14	14
11	Elio de Angelis	Lotus 81 B/3	20	12	12	12	12	12	12	12	12	12	25	25	11	33	33	33	33	12	12	12	12	12	12	12	12	14	21	21	21	21	21	21	21
15	Alain Prost	Renault RE 26 B	25	25	25	25	25	25	25	25	25	25	12	12	12	12	12	12	12	21	21	21	21	14	14	14	14	21	9	9	9	9	9	9	9
6	Hector Rebaque	Brabham BT 49 C/12	6	6	6	6	6	33	33	33	33	33	33	33	33	21	21	21	21	14	14	14	14	21	21	21	21	32	29	29	29	29	16	16	16
20	Keijo Rosberg	Fittipaldi F 8 C/3	33	33	33	33	33	16	16	16	16	16	16	16	21	14	14	14	14	32	32	32	32	32	32	32	32	9	16	16	16	16	29	29	29
33	Patrick Tambay	Theodore TY 01	14	14	14	14	16	6	6	6	14	21	21	21	14	32	32	32	32	6	6	6	6	6	9	9	9	16	6	6	6	6	6	6	6
21	Chico Serra	Fittipaldi F 8 C/4	21	21	16	16	14	14	14	14	21	14	14	14	32	6	6	6	6	9	9	9	9	9	16	16	16	6							
14	Marc Surer	Ensign MN 15	16	16	21	21	21	21	21	21	6	32	32	32	6	9	9	9	9	16	16	16	16	16	6	6	6								
16	Rene Arnoux	Renault RE 27 B	9	9	9	9	7	7	7	32	32	6	6	6	9	16	16	16	16																
9	Jan Lammers	ATS D 4/05	7	7	7	7	9	32	32	7	9	9	9	9	16	7	7	7																	
8	Andrea de Cesaris	McLaren M 29 F/5	32	32	32	32	32	9	9	9	7	7	7	7	7																				
7	John Watson	McLaren M 29 F/4																																	
32	Beppe Gabbiani	Osella FA 1 B/03																																	

STARTAUFSTELLUNG

1 Alan Jones
1.19,408

5 Nelson Piquet
1.20,289

22 Mario Andretti
1.20,476

3 Eddie Cheever
1.20,643

25 Jean-Pierre Jarier
1.20,787

26 Jacques Laffite
1.20,925

15 Alain Prost
1.20,980

20 Keijo Rosberg
1.21,001

21 Chico Serra
1.21,409

16 Rene Arnoux
1.21,540

8 Andrea de Cesaris
1.22,028

32 Beppe Gabbiani
1.22,213

29 Riccardo Patrese
1.19,399

2 Carlos Reutemann
1.20,149

27 Gilles Villeneuve
1.20,462

12 Nigel Mansell
1.20,573

23 Bruno Giacomelli
1.20,664

28 Didier Pironi
1.20,909

11 Elio de Angelis
1.20,928

6 Hector Rebaque
1.21,000

33 Patrick Tambay
1.21,298

14 Marc Surer
1.21,522

9 Jan Lammers
1.21,758

7 John Watson
1.22,183

ERGEBNISSE

1. Alan Jones	Williams FW 07 C	1:50.41,33 = 141,857 km/h
2. Carlos Reutemann	Williams FW 07 C	1:50.50,52
3. Nelson Piquet	Brabham BT 49 C	1:51.16,25
4. Mario Andretti	Alfa Romeo 179 C	1:51.30,64
5. Eddie Cheever	Tyrrell 010	1:51.48,03
6. Patrick Tambay	Theodore TY 01	79 Runden
7. Chico Serra	Fittipaldi F 8 C	78 Runden
8. Rene Arnoux	Renault RE 27 B	77 Runden

SCHNELLSTE RUNDE (31. Runde)

Alan Jones	Williams FW 07 C	1.20,901 = 144,62 km/h

AUSFÄLLE

Alain Prost	Renault RE 26 B	1. Runde, Kollision mit de Cesaris
Andrea de Cesaris	McLaren M 29 F	1. Runde, Kollision mit Prost
Elio de Angelis	Lotus 81 B	14. Runde, Unfall
John Watson	McLaren M 29 F	17. Runde, Motor
Gilles Villeneuve	Ferrari 126 CK	18. Runde, Gelenkwelle
Nigel Mansell	Lotus 81 B	26. Runde, Unfall
Beppe Gabbiani	Osella FA 1 B	27. Runde, Unfall
Riccardo Patrese	Arrows A 3	34. Runde, Kraftstoffzufuhr
Jacques Laffite	Talbot Ligier JS 17	42. Runde, Kollision mit Cheever
Bruno Giacomelli	Alfa Romeo 179 C	42. Runde, Kollision mit Lammers
Jan Lammers	ATS D 4	42. Runde, Kollision mit Giacomelli
Keijo Rosberg	Fittipaldi F 8 C	42. Runde, Motor
Hector Rebaque	Brabham BT 49 C	50. Runde, Unfall
Jean-Pierre Jarier	Talbot Ligier JS 17	65. Runde, Zündung
Didier Pironi	Ferrari 126 CK	68. Runde, Ölverlust
Marc Surer	Ensign MN 15	71. Runde, Zündung

34	35	36	37	38	39	40	41	42	43	44	45	46	47	48	49	50	51	52	53	54	55	56	57
1	1	1	1	1	1	1	1	1	1	1	1	1	1	1	1	1	1	1	1	1	1	1	1
2	2	2	2	2	2	2	2	2	2	2	2	2	2	2	2	2	2	2	2	2	2	2	2
5	5	5	5	5	5	5	5	5	5	5	5	5	5	5	5	5	5	5	5	5	5	5	5
28	28	28	28	28	28	28	28	28	28	28	28	28	28	28	28	28	28	28	28	22	22	22	22
3	3	3	3	3	3	3	3	3	3	22	22	22	22	22	22	22	22	22	22	28	3	3	3
26	26	26	26	26	26	26	26	22	22	3	3	3	3	3	3	3	3	3	3	3	28	28	28
22	22	22	22	22	22	22	22	33	33	33	33	33	33	33	33	33	33	33	33	33	33	33	33
23	23	23	23	23	23	23	33	25	25	25	25	25	25	25	25	25	25	25	25	25	25	25	25
20	20	20	20	20	20	33	23	14	14	14	14	14	14	14	14	14	14	14	14	14	14	14	14
33	33	33	33	33	33	20	25	21	21	21	21	21	21	21	21	21	21	21	21	21	21	21	21
25	25	25	25	25	25	25	20	16	16	16	16	16	16	16	16	16	16	16	16	16	16	16	16
14	14	14	14	14	14	14	14	6	6	6	6	6	6	6	6								
21	21	21	21	21	21	21	21																
9	9	9	9	9	9	9	9																
16	16	16	16	16	16	16	16																
6	6	6	6	6	6	6	6																

58	59	60	61	62	63	64	65	66	67	68	69	70	71	72	73	74	75	76	77	78	79	80
1	1	1	1	1	1	1	1	1	1	1	1	1	1	1	1	1	1	1	1	1	1	1
2	2	2	2	2	2	2	2	2	2	2	2	2	2	2	2	2	2	2	2	2	2	2
5	5	5	5	5	5	5	5	5	5	5	5	5	5	5	5	5	5	5	5	5	5	5
22	22	22	22	22	22	22	22	22	22	22	22	22	22	22	22	22	22	22	22	22	22	22
3	3	3	3	3	3	3	3	3	3	3	3	3	3	3	3	3	3	3	3	3	3	3
28	28	33	33	33	33	33	33	33	33	33	33	33	33	33	33	33	33	33	33	33	33	
33	33	28	28	28	28	28	28	28	28	14	14	14	21	21	21	21	21	21	21	21		
25	25	25	25	25	25	25	14	14	14	21	21	21	16	16	16	16	16	16	16			
14	14	14	14	14	14	14	21	21	21	16	16	16										
21	21	21	21	21	21	21	16	16	16													
16	16	16	16	16	16	16																

WERTUNGSPUNKTE

Fahrer: Jones 9, Reutemann 6, Piquet 4, Andretti 3, Cheever 2, Tambay 1

Konstrukteure: Williams 15, Brabham 4, Alfa Romeo 3, Tyrrell 2, Theodore 1

Großer Preis von Brasilien

STRECKE

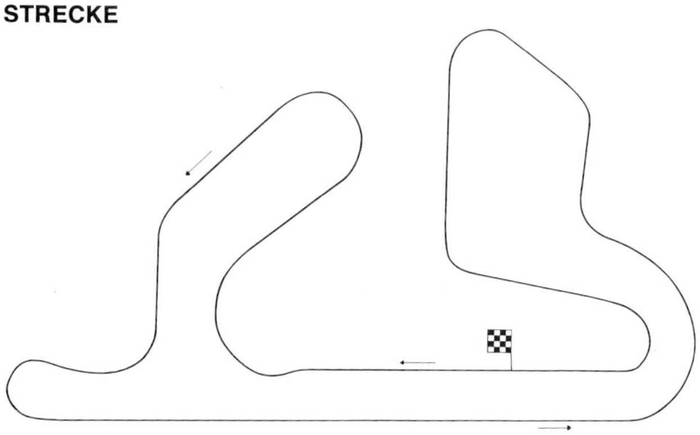

Ort und Datum	**Rio de Janeiro, 29. März**
Streckenlänge	**5,031 km**
Runden	**62**
Renndistanz	**311,922 km**
Bestehender Rundenrekord	**1.43,07 = 175,721 km/h Carlos Reutemann Ferrari 312 T2 GP 1978**
GP-Sieger 1980 (Sao Paulo)	**Rene Arnoux, Renault RE 21 1:40.01,33 = 188,933 km/h**

TRAININGSZEITEN

Nr.	Fahrer	Wagen	27. März	28. März
1	Alan Jones	Williams FW 07 C/11	1.36,337	1.36,390
2	Carlos Reutemann	Williams FW 07 C/12	1.35,390	1.36,000
3	Eddie Cheever	Tyrrell 010/3	1.38,160	1.38,521
4	Ricardo Zunino	Tyrrell 010/1	1.41,036	1.39,798
5	Nelson Piquet	Brabham BT 49 C/11+9	1.35,786	1.35,079
6	Hector Rebaque	Brabham BT 49 C/12+9	1.38,225	1.37,777
7	John Watson	McLaren M 29 F/4+2	1.40,057	1.38,263
8	Andrea de Cesaris	McLaren M 29 F/5	1.39,409	1.38,780
11	Elio de Angelis	Lotus 81 B/3+88/1	1.38,352	1.37,734
12	Nigel Mansell	Lotus 81 B/2	1.38,861	1.38,003
14	Marc Surer	Ensign MN 15	1.39,296	1.38,570
15	Alain Prost	Renault RE 22 B	1.37,147	1.36,670
16	Rene Arnoux	Renault RE 26 B	1.38,985	1.37,561
20	Keijo Rosberg	Fittipaldi F 8 C/3	1.37,981	1.39,371
21	Chico Serra	Fittipaldi F 8 C/4	1.39,326	1.39,396
22	Mario Andretti	Alfa Romeo 179 C/02	1.37,933	1.37,597
23	Bruno Giacomelli	Alfa Romeo 179 C/03	1.38,682	1.37,283
25	Jean-Pierre Jarier	Talbot Ligier JS 17/03	–	1.39,398
26	Jacques Laffite	Talbot Ligier JS 17/02	1.38,273	1.38,713
27	Gilles Villeneuve	Ferrari 126 CK/051	1.37,975	1.37,497
28	Didier Pironi	Ferrari 126 CK/050+CX/049	1.39,229	1.38,565
29	Riccardo Patrese	Arrows A 3/3	1.37,231	1.36,667
30	Siegfried Stohr	Arrows A 3/2	1.40,297	1.39,190
33	Patrick Tambay	Theodore TY 01	1.38,726	1.39,668
	Nicht qualifiziert:			
9	Jan Lammers	ATS D 4/05	1.40,339	1.39,844
25	Jean-Pierre Jabouille	Talbot Ligier JS 17/03	1.40,306	–
32	Beppe Gabbiani	Osella FA 1 B/03	1.41,954	1.40,709
31	Miguel Guerra	Osella FA 1 B/04	1.40,984	1.44,482
18	Eliseo Salazar	March 811 RM/03	1.44,730	1.43,267
17	Derek Daly	March 811 RM/02	keine Zeit	–

RUNDENTABELLE

Nr.	Fahrer	Wagen	1	2	3	4	5	6	7	8	9	10	11	12	13	14	15	16	17	18	19	20	21	22	23	24	25	26	27	28	29	30	31
5	Nelson Piquet	Brabham BT 49 C/11	2	2	2	2	2	2	2	2	2	2	2	2	2	2	2	2	2	2	2	2	2	2	2	2	2	2	2	2	2	2	2
2	Carlos Reutemann	Williams FW 07 C/12	1	1	1	1	1	1	1	1	1	1	1	1	1	1	1	1	1	1	1	1	1	1	1	1	1	1	1	1	1	1	1
1	Alan Jones	Williams FW 07 C/11	29	29	29	29	29	29	29	29	29	29	29	29	29	29	29	29	29	29	29	29	29	29	29	29	29	29	29	29	29	29	29
29	Riccardo Patrese	Arrows A 3/3	23	23	23	11	11	11	11	11	11	11	11	11	11	11	11	11	11	11	11	11	11	11	11	11	11	11	11	11	11	11	11
15	Alain Prost	Renault RE 22 B	11	11	11	23	23	23	20	20	20	20	20	20	20	7	7	7	7	7	7	7	7	7	7	7	7	7	7	7	7	7	7
23	Bruno Giacomelli	Alfa Romeo 179 C/03	20	20	20	20	20	20	27	27	7	7	7	7	7	20	20	25	25	25	25	25	25	25	25	25	25	25	25	25	14	14	14
27	Gilles Villeneuve	Ferrari 126 CK/051	27	27	27	27	27	27	7	7	14	14	14	14	14	14	25	20	20	14	14	14	14	14	14	14	14	14	14	14	26	26	26
16	Rene Arnoux	Renault RE 26 B	15	7	7	7	7	7	14	14	27	25	25	25	25	25	14	14	14	20	20	15	26	26	26	26	26	26	26	26	25	25	25
22	Mario Andretti	Alfa Romeo 179 C/02	14	15	15	14	14	14	15	15	15	15	15	15	15	15	15	15	15	15	15	20	20	20	20	20	20	20	20	20	20	20	20
11	Elio de Angelis	Lotus 81 B/3	7	14	14	15	15	15	25	25	25	26	26	26	26	26	26	26	26	26	26	26	33	33	33	33	33	33	33	33	33	33	33
6	Hector Rebaque	Brabham BT 49 C/12	26	26	26	26	25	25	26	26	26	27	33	33	33	33	33	33	33	33	33	33	12	12	12	12	12	12	12	5	5	5	5
20	Keijo Rosberg	Fittipaldi F 8 C/3	8	8	25	25	26	26	23	6	6	6	12	12	12	12	12	12	12	12	12	12	5	5	5	5	5	5	5	12	12	12	12
12	Nigel Mansell	Lotus 81 B/2	6	25	8	6	6	6	6	33	33	33	6	5	5	5	5	5	5	5	5	5	27	27	27	27	27	4	4	4	4	4	4
3	Eddie Cheever	Tyrrell 010/3	25	6	6	8	33	33	33	12	12	12	5	4	4	4	4	4	4	4	4	27	4	4	4	4	4	3	3	3	3	3	3
7	John Watson	McLaren M 29 F/4	5	33	33	33	8	8	8	8	8	5	4	27	27	27	27	27	27	27	27	30	6	6	3	3	3	23	23	23	23	23	23
26	Jacques Laffite	Talbot Ligier JS 17/02	12	12	12	12	12	12	12	5	5	4	27	28	28	28	28	28	28	28	28	4	3	3	23	23	23						
28	Didier Pironi	Ferrari 126 CK/050	4	5	5	5	5	5	5	4	4	28	28	30	30	30	30	30	30	30	30	6	23	23									
14	Marc Surer	Ensign MN 15	33	4	4	4	4	4	4	28	28	30	30	6	6	6	6	6	6	6	6	3											
33	Patrick Tambay	Theodore TY 01	28	28	28	28	28	28	28	30	30	23	23	23	3	3	3	3	3	3	3	23											
8	Andrea de Cesaris	McLaren M 29 F/5	30	30	30	30	30	30	30	23	23	3	3	3	23	23	23	23	23	23	23												
30	Siegfried Stohr	Arrows A 3/2	3	3	3	3	3	3	3	3	3																						
21	Chico Serra	Fittipaldi F 8 C/4																															
25	Jean-Pierre Jarier	Talbot Ligier JS 17/03																															
4	Ricardo Zunino	Tyrrell 010/1																															

STARTAUFSTELLUNG

2 Carlos Reutemann 1.35,390
5 Nelson Piquet 1.35,079
29 Riccardo Patrese 1.36,667
1 Alan Jones 1.36,337
23 Bruno Giacomelli 1.37,283
15 Alain Prost 1.36,670
16 Rene Arnoux 1.37,561
27 Gilles Villeneuve 1.37,497
11 Elio de Angelis 1.37,734
22 Mario Andretti 1.37,597
20 Keijo Rosberg 1.37,981
6 Hector Rebaque 1.37,777
3 Eddie Cheever 1.38,160
12 Nigel Mansell 1.38,003
26 Jacques Laffite 1.38,273
7 John Watson 1.38,263
14 Marc Surer 1.38,570
28 Didier Pironi 1.38,565
8 Andrea de Cesaris 1.38,780
33 Patrick Tambay 1.38,726
21 Chico Serra 1.39,326
30 Siegfried Stohr 1.39,190
4 Ricardo Zunino 1.39,798
25 Jean-Pierre Jarier 1.39,398

ERGEBNISSE

1.	Carlos Reutemann	Williams FW 07 C	2:00.23,66 = 155,450 km/h
2.	Alan Jones	Williams FW 07 C	2:00.28,10
3.	Riccardo Patrese	Arrows A 3	2:01.26,74
4.	Marc Surer	Ensign MN 15	2:01.40,69
5.	Elio de Angelis	Lotus 81	2:01.50,08
6.	Jacques Laffite	Talbot Ligier JS 17	2:01.50,49
7.	Jean-Pierre Jarier	Talbot Ligier JS 17	2:01.53,91
8.	John Watson	McLaren M 29 F	61 Runden
9.	Keijo Rosberg	Fittipaldi F 8 C	61 Runden
10.	Patrick Tambay	Theodore TY 01	61 Runden
11.	Nigel Mansell	Lotus 81	61 Runden
12.	Nelson Piquet	Brabham BT 49 C	60 Runden
13.	Ricardo Zunino	Tyrrell 010	58 Runden

NICHT GEWERTET

Eddie Cheever	Tyrrell 010	49 Runden
Bruno Giacomelli	Alfa Romeo 179 C	40 Runden

SCHNELLSTE RUNDE (36. Runde)

Marc Surer	Ensign MN 15	1.54,302 = 158,453 km/h

AUSFÄLLE

Mario Andretti	Alfa Romeo 179 C	1. Runde, Startunfall
Rene Arnoux	Renault RE 26 B	1. Runde, Startunfall
Chico Serra	Fittipaldi F 8 C	1. Runde, Startunfall
Andrea de Cesaris	McLaren M 29 F	10. Runde, Kraftstoffpumpe
Didier Pironi	Ferrari 126 CK	20. Runde, Kollision mit Prost
Alain Prost	Renault RE 22 B	21. Runde, Kollision mit Pironi
Siegfried Stohr	Arrows A 3	21. Runde, Kollision mit Tambay
Hector Rebaque	Brabham BT 49 C	23. Runde, Unfall
Gilles Villeneuve	Ferrari 126 CK	26. Runde, Turbolader

32	33	34	35	36	37	38	39	40	41	42	43	44	45	46	47	48	49	50	51	52	53	54	55	56	57	58	59	60	61	62
2	**2**	**2**	**2**	**2**	**2**	**2**	**2**	**2**	**2**	**2**	**2**	**2**	**2**	**2**	**2**	**2**	**2**	**2**	**2**	**2**	**2**	**2**	**2**	**2**	**2**	**2**	**2**	**2**	**2**	**2**
1	**1**	**1**	**1**	**1**	**1**	**1**	**1**	**1**	**1**	**1**	**1**	**1**	**1**	**1**	**1**	**1**	**1**	**1**	**1**	**1**	**1**	**1**	**1**	**1**	**1**	**1**	**1**	**1**	**1**	**1**
29	**29**	**29**	**29**	**29**	**29**	**29**	**29**	**29**	**29**	**29**	**29**	**29**	**29**	**29**	**29**	**29**	**29**	**29**	**29**	**29**	**29**	**29**	**29**	**29**	**29**	**29**	**29**	**29**	**29**	**29**
11	**11**	**11**	**11**	**11**	**11**	**11**	**11**	**11**	**11**	**11**	**11**	**11**	**11**	**11**	**11**	**11**	**14**	**14**	**14**	**14**	**14**	**14**	**14**	**14**	**14**	**14**	**14**	**14**	**14**	**14**
7	**7**	**7**	**14**	**14**	**14**	**14**	**14**	**14**	**14**	**14**	**14**	**14**	**14**	**14**	**14**	**14**	**11**	**11**	**11**	**11**	**11**	**11**	**11**	**11**	**11**	**11**	**11**	**11**	**11**	**11**
14	**14**	**14**	**26**	**26**	**26**	**26**	**26**	**26**	**26**	**26**	**26**	**26**	**26**	**26**	**25**	**25**	**25**	**25**	**25**	**25**	**25**	**25**	**25**	**25**	**25**	**25**	**25**	**26**	**26**	**26**
26	**26**	**26**	**25**	**25**	**25**	**25**	**25**	**25**	**25**	**25**	**25**	**25**	**25**	**25**	**26**	**26**	**26**	**26**	**26**	**26**	**26**	**26**	**26**	**26**	**26**	**26**	**26**	**25**	**25**	**25**
25	**25**	**25**	**7**	**7**	**7**	**7**	**7**	**7**	**7**	**7**	**7**	**7**	**7**	**7**	**7**	**7**	**7**	**7**	**7**	**7**	**7**	**7**	**7**	**7**	**7**	**7**	7	7	7	
20	**20**	**20**	**20**	**20**	**20**	**5**	**5**	**5**	**5**	**5**	**5**	**5**	**5**	**5**	**5**	20	20	20	20	20	20	20	20	20	20	20	20	20	20	
33	**33**	**33**	**33**	**33**	**33**	**20**	**20**	**20**	**20**	**20**	**20**	**20**	**20**	**20**	20	33	33	33	33	33	33	33	33	33	33	33	33	33	33	
5	**5**	**5**	**5**	**5**	**5**	**33**	**33**	**33**	**33**	33	33	33	33	33	33	5	5	5	12	12	12	12	12	12	12	12	12	12	12	
12	12	12	12	12	12	12	12	12	12	12	12	12	12	12	12	12	12	12	5	5	5	5	5	5	5	5	5	5		
4	4	4	4	4	4	4	4	4	4	4	4	4	4	4	4	4	4	4	4	4	4	4	4	4	4					
3	3	3	3	3	3	3	3	3	3	3	3	3	3	3	3	3	3													
23	23	23	23	23	23	23	23	23																						

WERTUNGSPUNKTE

Fahrer: Jones 15, Reutemann 15, Piquet 4, Patrese 4, Andretti 3, Surer 3, Cheever 2, de Angelis 2, Tambay 1, Laffite 1

Konstrukteure: Williams 30, Brabham 4, Arrows 4, Alfa Romeo 3, Ensign 3, Tyrrell 2, Lotus 2, Theodore 1, Talbot Ligier 1

Großer Preis von Argentinien

STRECKE

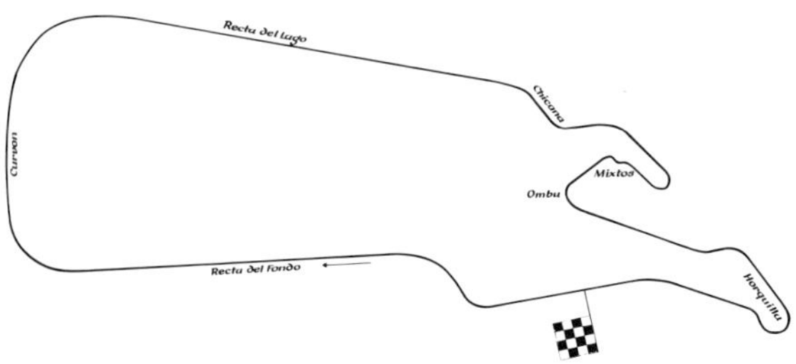

Ort und Datum	**Buenos Aires, 12. April**
Streckenlänge	**5,968 km**
Runden	**53**
Renndistanz	**316,304 km**
Bestehender Rundenrekord	**1.46,910 = 200,968 km/h Jacques Laffite Ligier JS 11 GP 1979**
GP-Sieger 1980	**Alan Jones, Williams FW 07 B 1:43.24,38 = 183,443 km/h**

TRAININGSZEITEN

Nr.	Fahrer	Wagen	10. April	11. April
1	Alan Jones	Williams FW 07 C/11+14	1.44,662	1.43,638
2	Carlos Reutemann	Williams FW 07 C/12	1.43,935	1.44,094
3	Eddie Cheever	Tyrrell 010/3+2	1.45,117	1.45,357
4	Ricardo Zunino	Tyrrell 010/1	1.47,464	1.48,143
5	Nelson Piquet	Brabham BT 49 C/11+9	1.42,665	1.44,364
6	Hector Rebaque	Brabham BT 49 C/12	1.44,712	1.44,100
7	John Watson	McLaren MP 4/1	1.45,073	1.45,202
8	Andrea de Cesaris	McLaren M 29 F/5	1.46,387	1.46,663
9	Jan Lammers	ATS D 4/05	1.47,174	1.47,576
11	Elio de Angelis	Lotus 81 B/3	1.45,252	1.45,065
12	Nigel Mansell	Lotus 81 B/2	1.45,369	1.45,790
14	Marc Surer	Ensign MN 15	1.45,734	1.46,188
15	Alain Prost	Renault RE 22 B	1.42,981	1.43,748
16	Rene Arnoux	Renault RE 27 B	1.43,997	1.44,080
20	Keijo Rosberg	Fittipaldi F 8 C/3	1.45,273	1.44,191
21	Chico Serra	Fittipaldi F 8 C/4	1.46,743	1.46,706
22	Mario Andretti	Alfa Romeo 179 C/02+01	1.46,329	1.46,059
23	Bruno Giacomelli	Alfa Romeo 179 C/03	1.47,109	1.46,918
26	Jacques Laffite	Talbot Ligier JS 17/02+01	1.46,854	1.47,594
27	Gilles Villeneuve	Ferrari 126 CK/051	1.44,236	1.44,132
28	Didier Pironi	Ferrari 126 CK/050+CX/049	1.45,108	1.45,599
29	Riccardo Patrese	Arrows A 3/3	1.45,008	1.45,357
30	Siegfried Stohr	Arrows A 3/2	1.47,342	1.46,444
33	Patrick Tambay	Theodore TY 01	1.46,872	1.45,297
	Nicht qualifiziert:			
31	Miguel Guerra	Osella FA 1 B/04	1.47,609	1.48,571
32	Beppe Gabbiani	Osella FA 1/B 03	1.48,121	1.48,203
17	Derek Daly	March 811 RM/01	1.48,191	1.49,571
25	Jean-Pierre Jabouille	Talbot Ligier JS 17/03	1.49,581	1.50,226
18	Eliseo Salazar	March 811 RM/03	–	1.51,086

RUNDENTABELLE

Nr.	Fahrer	Wagen	1	2	3	4	5	6	7	8	9	10	11	12	13	14	15	16	17	18	19	20	21	22	23	24	25	26	27	28	29	30	31
5	Nelson Piquet	Brabham BT 49 C/11	5	5	5	5	5	5	5	5	5	5	5	5	5	5	5	5	5	5	5	5	5	5	5	5	5	5	5	5	5	5	5
15	Alain Prost	Renault RE 22 B	1	2	2	2	2	2	2	2	2	2	2	2	2	2	6	6	6	6	6	6	6	6	6	6	6	6	6	6	6	6	6
1	Alan Jones	Williams FW 07 C/11	2	1	1	1	15	15	15	15	15	15	6	6	6	6	2	2	2	2	2	2	2	2	2	2	2	2	2	2	2	2	2
2	Carlos Reutemann	Williams FW 07 C/12	29	29	15	15	1	6	6	6	6	6	15	15	15	15	15	15	15	15	15	15	15	15	15	15	15	15	15	15	15	15	15
16	Rene Arnoux	Renault RE 27 B	16	15	6	6	6	1	1	1	1	1	1	1	1	1	1	1	1	1	1	1	1	1	1	1	1	1	1	1	1	1	1
6	Hector Rebaque	Brabham BT 49 C/12	15	6	29	29	29	29	16	16	16	16	16	16	16	16	16	16	16	16	16	16	16	16	16	16	16	16	16	16	16	16	16
27	Gilles Villeneuve	Ferrari 126 CK/051	6	16	16	16	16	16	29	29	7	7	7	7	7	7	7	7	7	7	7	7	7	7	7	7	7	7	7	7	7	7	7
20	Keijo Rosberg	Fittipaldi F 8 C/3	28	28	7	7	7	7	7	7	29	29	29	29	29	29	29	29	29	29	29	29	29	29	29	29	29	29	29	29	29	29	29
29	Riccardo Patrese	Arrows A 3/3	20	7	20	33	33	33	33	33	22	22	22	22	22	22	22	22	22	22	22	22	22	22	22	22	22	22	22	22	22	33	33
11	Elio de Angelis	Lotus 81 B/3	7	20	33	22	22	22	22	22	33	33	33	33	33	33	33	33	33	33	33	33	33	33	33	33	33	33	33	33	33	22	22
7	John Watson	McLaren MP 4/1	11	11	22	20	30	30	30	30	30	30	30	30	30	30	30	11	11	11	11	11	11	11	11	11	11	11	11	11	11	11	11
28	Didier Pironi	Ferrari 126 CK/050	14	14	30	30	4	4	4	4	4	4	4	4	11	11	11	30	30	30	30	30	30	30	30	30	30	30	30	30	30	30	30
3	Eddie Cheever	Tyrrell 010/3	33	33	4	4	26	26	26	27	27	11	11	11	4	4	4	4	4	4	4	4	4	4	4	4	4	4	4	4	4	4	4
33	Patrick Tambay	Theodore TY 01	30	22	26	26	27	27	27	26	11	27	27	27	27	27	27	27	27	27	27	27	27	27	27	27	27	27	27	27	27	27	27
12	Nigel Mansell	Lotus 81 B/2	22	30	23	27	23	23	23	23	23	23	23	23	23	23	23	23	23	23	23	23	23	23	23	23	23	23	23	23	23	23	23
14	Marc Surer	Ensign MN 15	12	12	27	23	21	21	11	11	26	26	14	14	14	14	26	21	21	21	21	21	21	21	21	21	21	21	21	21	8	8	8
22	Mario Andretti	Alfa Romeo 179 C/02	26	4	21	21	14	11	14	14	14	14	26	26	26	26	21	26	26	26	8	8	8	8	8	8	8	8	8	8	9	9	9
8	Andrea de Cesaris	McLaren M 29 F/5	4	26	9	9	11	14	21	21	21	21	21	21	21	21	8	8	8	8	26	9	9	9	9	9	9	9	9	9			
30	Siegfried Stohr	Arrows A 3/2	21	21	14	14	9	9	9	9	9	9	9	9	9	8	9	9	9	9	9												
21	Chico Serra	Fittipaldi F 8 C/4	23	23	11	11	8	8	8	8	8	8	8	8	8	9																	
26	Jacques Laffite	Talbot Ligier JS 17/02	9	9	12	8																											
23	Bruno Giacomelli	Alfa Romeo 179 C/03	27	27	28																												
9	Jan Lammers	ATS D4/05	8	8	8																												
4	Ricardo Zunino	Tyrrell 010/1	3																														

STARTAUFSTELLUNG

	5 Nelson Piquet 1.42,665
15 Alain Prost 1.42,981	1 Alan Jones 1.43,638
2 Carlos Reutemann 1.43,935	16 Rene Arnoux 1.43,997
6 Hector Rebaque 1.44,100	27 Gilles Villeneuve 1.44,132
20 Keijo Rosberg 1.44,191	29 Riccardo Patrese 1.45,008
11 Elio de Angelis 1.45,065	7 John Watson 1.45,073
28 Didier Pironi 1.45,108	3 Eddie Cheever 1.45,117
33 Patrick Tambay 1.45,297	12 Nigel Mansell 1.45,369
14 Marc Surer 1.45,734	22 Mario Andretti 1.46,059
8 Andrea de Cesaris 1.46,387	30 Siegfried Stohr 1.46,444
21 Chico Serra 1.46,706	26 Jacques Laffite 1.46,854
23 Bruno Giacomelli 1.46,918	9 Jan Lammers 1.47,174
4 Ricardo Zunino 1.47,464	

32	33	34	35	36	37	38	39	40	41	42	43	44	45	46	47	48	49	50	51	52	53
5	5	5	5	5	5	5	5	5	5	5	5	5	5	5	5	5	5	5	5	5	5
6	2	2	2	2	2	2	2	2	2	2	2	2	2	2	2	2	2	2	2	2	2
2	15	15	15	15	15	15	15	15	15	15	15	15	15	15	15	15	15	15	15	15	15
15	1	1	1	1	1	1	1	1	1	1	1	1	1	1	1	1	1	1	1	1	1
1	16	16	16	16	16	16	16	16	16	16	16	16	16	16	16	16	16	16	16	16	16
16	7	7	29	29	29	29	29	29	29	29	29	29	29	29	11	11	11	11	11	11	
7	29	29	7	11	11	11	11	11	11	11	11	11	11	11	29	29	29	29	29	29	
29	33	33	11	33	22	22	22	22	22	22	22	22	22	22	22	22	22	22	22	22	
33	11	11	33	22	30	30	30	30	30	30	30	23	23	23	23	23	23	23	23	30	
22	22	22	22	30	27	27	27	27	23	23	23	30	30	30	30	30	30	30	30		
11	30	30	30	27	23	23	23	23	4	4	4	4	4	4	4	4	4	4	4		
30	4	4	27	23	4	4	4	4	8	8	8	8	8	8	8	8	8	8	8		
4	27	27	23	4	8	8	8	8	9	9	9	9	9	9	9	9	9	9	9		
27	23	23	4	8	9	9	9	9													
23	8	8	8	9																	
8	9	9	9	7																	
9																					

ERGEBNISSE

1. Nelson Piquet	Brabham BT 49 C	1:34.32,74 = 200,63 km/h
2. Carlos Reutemann	Williams FW 07 C	1:34.59,35
3. Alain Prost	Renault RE 22 B	1:35.22,72
4. Alan Jones	Williams FW 07 C	1:35.40,62
5. Rene Arnoux	Renault RE 27 B	1:36.04,59
6. Elio de Angelis	Lotus 81 B	52 Runden
7. Riccardo Patrese	Arrows A 3	52 Runden
8. Mario Andretti	Alfa Romeo 179 C	52 Runden
9. Siegfried Stohr	Arrows A 3	52 Runden
10. Bruno Giacomelli*	Alfa Romeo 179 C	51 Runden
11. Andrea de Cesaris	McLaren M 29 F	51 Runden
12. Jan Lammers	ATS D 4	51 Runden
13. Ricardo Zunino	Tyrrell 010	51 Runden

* in Wertung ausgeschieden

SCHNELLSTE RUNDE (6. Runde)

Nelson Piquet — Brabham BT 49 C — 1.45,287 = 204,066 km/h

AUSFÄLLE

Eddie Cheever	Tyrrell 010	2. Runde, Kupplung
Didier Pironi	Ferrari 126 CK	4. Runde, Motor
Nigel Mansell	Lotus 81 B	4. Runde, Motor
Keijo Rosberg	Fittipaldi F 8 C	5. Runde, Kraftstoffpumpenantrieb
Marc Surer	Ensign MN 15	15. Runde, Motor
Jacques Laffite	Talbot Ligier JS 17	20. Runde, Motor, Vorderradaufhängung
Chico Serra	Fittipaldi F 8 C	29. Runde, Getriebe
Hector Rebaque	Brabham BT 49 C	33. Runde, Zündung
John Watson	McLaren MP 4	37. Runde, Getriebe
Patrick Tambay	Theodore TY 01	37. Runde, Ölverlust
Gilles Villeneuve	Ferrari 126 CK	41. Runde, Gelenkwelle

WERTUNGSPUNKTE

Fahrer: Reutemann 21, Jones 18, Piquet 13, Patrese 4, Prost 4, Andretti 3, Surer 3, de Angelis 3, Cheever 2, Arnoux 2, Tambay 1, Laffite 1

Konstrukteure: Williams 39, Brabham 13, Renault 6, Arrows 4, Alfa Romeo 3, Lotus 3, Ensign 3, Tyrrell 2, Theodore 1, Talbot Ligier 1

Großer Preis von San Marino

STRECKE

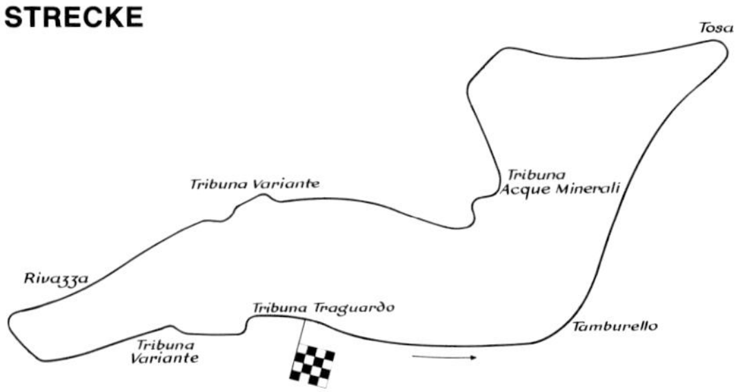

Ort und Datum	**Imola, 3. Mai**
Streckenlänge	**5,040 km**
Runden	**60**
Renndistanz	**302,4 km**
Bestehender Rundenrekord	**1.33,610 = 193,83 km/h** **Gilles Villeneuve** **Ferrari 312 T4** **GP Dino Ferrari 1979**
GP-Sieger 1980	**Der GP von San Marino wurde zum erstenmal ausgetragen**

TRAININGSZEITEN

			1. Mai	2. Mai
1	Alan Jones	Williams FW 07 C/11+14	1.36,280	1.36,317
2	Carlos Reutemann	Williams FW 07 C/12	1.35,844	1.35,229
3	Eddie Cheever	Tyrrell 010/3	1.38,363	1.38,266
4	Michele Alboreto	Tyrrell 010/1	1.39,341	1.37,771
5	Nelson Piquet	Brabham BT 49 C/9+11	1.37,417	1.35,733
6	Hector Rebaque	Brabham BT 49 C/12	1.38,823	1.37,264
7	John Watson	McLaren MP 4/2+1	1.37,639	1.36,241
8	Andrea de Cesaris	McLaren M 29 F/4	1.38,019	1.37,382
10	Slim Burgudd	ATS D 4/05	1.41,196	1.39,079
14	Marc Surer	Ensign MN 15	1.38,340	1.38,488
15	Alain Prost	Renault RE 22 B+RE 26 B	1.35,579	3.58,089
16	Rene Arnoux	Renault RE 27 B	1.35,281	1.35,292
17	Eliseo Salazar	March 811 RM/03	1.39,161	1.38,827
20	Keijo Rosberg	Fittipaldi F 8 C/3	1.37,459	1.37,906
22	Mario Andretti	Alfa Romeo 179 C/02+01	1.37,586	1.36,919
23	Bruno Giacomelli	Alfa Romeo 179 C/03	1.39,372	1.36,776
25	Jean-Pierre Jabouille	Talbot Ligier JS 17/03	1.38,140	1.38,702
26	Jacques Laffite	Talbot Ligier JS 17/02	1.38,908	1.36,477
27	Gilles Villeneuve	Ferrari 126 CK/052+050	1.35,576	1.34,523
28	Didier Pironi	Ferrari 126 CK/051+052	1.36,168	1.35,868
29	Riccardo Patrese	Arrows A 3/5	1.37,061	1.36,390
31	Miguel Guerra	Osella FA 1 B/04	1.39,799	1.38,773
32	Beppe Gabbiani	Osella FA 1 B/03	1.39,245	1.38,302
33	Patrick Tambay	Theodore TY 01	1.39,215	1.37,545
Nicht qualifiziert:				
30	Siegfried Stohr	Arrows A 3/6	1.39,112	1.39,553
18	Derek Daly	March 811 RM/01	1.39,453	1.39,157
9	Jan Lammers	ATS D 4/06	1.40,872	1.39,419
21	Chico Serra	Fittipaldi F 8 C/4	1.51,454	1.41,114
36	Derek Warwick	Toleman TG 181/01	1.54,020	1.43,187
35	Brian Henton	Toleman TG 181/02	1.49,951	–

RUNDENTABELLE

27	Gilles Villeneuve	Ferrari 126 CK/052
2	Carlos Reutemann	Williams FW 07 C/12
16	Rene Arnoux	Renault RE 27 B
15	Alain Prost	Renault RE 22 B
5	Nelson Piquet	Brabham BT 49 C/9
28	Didier Pironi	Ferrari 126 CK/051
7	John Watson	McLaren MP 4/2
1	Alan Jones	Williams FW 07 C/11
29	Riccardo Patrese	Arrows A 3/5
26	Jacques Laffite	Talbot Ligier JS 17/02
23	Bruno Giacomelli	Alfa Romeo 179 C/03
22	Mario Andretti	Alfa Romeo 179 C/02
6	Hector Rebaque	Brabham BT 49 C/12
8	Andrea de Cesaris	McLaren M 29 F/4
20	Keijo Rosberg	Fittipaldi F 8 C/3
33	Patrick Tambay	Theodore TY 01
4	Michele Alboreto	Tyrrell 010/1
25	J.-P. Jabouille	Talbot Ligier JS 17/03
3	Eddie Cheever	Tyrrell 010/3
32	Beppe Gabbiani	Osella FA 1 B/03
14	Marc Surer	Ensign MN 15
31	Miguel Guerra	Osella FA 1 B/04
17	Eliseo Salazar	March 811 RM/03
10	Slim Borgudd	ATS D 4/05

1	2	3	4	5	6	7	8	9	10	11	12	13	14	15	16	17	18	19	20	21	22	23	24	25	26	27	28
27	27	27	27	27	27	27	27	27	27	27	27	27	27	28	28	28	28	28	28	28	28	28	28	28	28	28	28
28	28	28	28	28	28	28	28	28	28	28	28	28	28	29	29	29	29	29	29	29	5	5	5	5	5	5	5
2	2	2	2	2	29	29	29	29	29	29	29	29	29	5	5	5	5	5	5	5	29	29	29	29	29	29	29
1	29	29	29	29	2	2	2	2	2	2	2	2	2	2	2	2	2	2	2	2	2	2	2	2	2	2	2
29	1	16	16	16	16	5	5	5	5	5	5	5	5	6	6	6	6	6	6	6	6	6	6	6	6	6	6
16	16	7	7	26	26	16	16	6	6	6	6	6	6	16	16	16	16	16	16	16	16	16	16	16	16	16	16
7	7	26	26	7	5	6	6	16	16	16	16	16	16	22	22	23	23	23	23	23	23	23	23	23	8	8	8
26	26	5	5	5	6	22	22	22	22	22	22	22	22	23	23	22	22	8	8	8	8	8	8	8	23	23	23
5	5	6	6	6	22	23	23	23	23	23	23	23	23	8	8	8	3	3	3	3	3	3	3	3	3	3	3
6	6	22	22	22	23	8	8	8	8	8	8	8	8	27	3	3	8	22	22	22	22	22	22	22	4	4	4
22	22	23	23	23	8	26	3	3	3	3	3	3	3	3	4	4	4	4	4	4	4	4	4	4	32	32	32
23	23	8	8	8	3	3	4	4	4	4	4	4	4	4	32	32	32	32	32	32	32	32	32	32	22	27	27
4	8	4	4	4	4	4	32	32	32	32	32	32	32	32	27	17	17	17	17	17	17	27	27	27	27	17	17
8	4	3	3	3	32	32	17	17	17	17	17	17	17	17	17	27	27	27	27	27	27	17	17	17	17	22	14
32	3	32	32	32	7	17	10	10	10	10	10	10	10	33	33	33	33	14	14	14	14	14	14	14	14	14	33
3	32	17	17	17	17	10	20	20	20	20	20	20	20	14	14	7	14	33	33	33	33	33	33	33	33	33	7
20	17	1	10	10	10	20	33	33	33	33	33	33	33	10	7	14	7	10	7	7	7	7	7	7	7	7	10
17	25	25	20	20	20	33	14	14	14	14	14	14	14	7	10	10	10	7	10	10	10	10	10	10	10	10	1
25	20	20	25	33	33	14	7	7	7	7	7	7	7	1	1	1	1	1	1	1	1	1	1	1	1	1	25
33	10	10	33	14	14	7	25	1	1	1	1	1	1	25	25	25	25	25	25	25	25	25	25	25	25	25	
14	15	33	14	25	25	25	1	25	25	25	25	25	25														
10	33	14	1	1	1	1																					
15	14																										

STARTAUFSTELLUNG

27 Gilles Villeneuve 1.34,523	
	2 Carlos Reutemann 1.35,229
16 Rene Arnoux 1.35,281	
	15 Alain Prost 1.35,579
5 Nelson Piquet 1.35,733	
	28 Didier Pironi 1.35,868
7 John Watson 1.36,241	
	1 Alan Jones 1.36,280
29 Riccardo Patrese 1.36,390	
	26 Jacques Laffite 1.36,477
23 Bruno Giacomelli 1.36,776	
	22 Mario Andretti 1.36,919
6 Hector Rebaque 1.37,264	
	8 Andrea de Cesaris 1.37,382
20 Keijo Rosberg 1.37,459	
	33 Patrick Tambay 1.37,545
4 Michele Alboreto 1.37,771	
	25 Jean-Pierre Jabouille 1.38,140
3 Eddie Cheever 1.38,266	
	32 Beppe Gabbiani 1.38,302
14 Marc Surer 1.38,340	
	31 Miguel Guerra 1.38,773
17 Eliseo Salazar 1.38,827	
	10 Slim Borgudd 1.39,079

ERGEBNISSE

1. Nelson Piquet	Brabham BT 49 C	1:51.23,97 = 162,87 km/h
2. Riccardo Patrese	Arrows A 3	1:51.28,55
3. Carlos Reutemann	Williams FW 07 C	1:51.30,31
4. Hector Rebaque	Brabham BT 49 C	1:51.46,86
5. Didier Pironi	Ferrari 126 CK	1:51.49,84
6. Andrea de Cesaris	McLaren M 29 F	1:52.30,58
7. Gilles Villeneuve	Ferrari 126 CK	1:53.05,94
8. Rene Arnoux	Renault RE 27 B	59 Runden
9. Marc Surer	Ensign MN 15	59 Runden
10. John Watson	McLaren MP 4	58 Runden
11. Patrick Tambay	Theodore TY 01	58 Runden
12. Alan Jones	Williams FW 07 C	58 Runden
13. Slim Borgudd	ATS D 4	57 Runden

NICHT GEWERTET

Jean-Pierre Jabouille	Talbot Ligier JS 17	45 Runden

SCHNELLSTE RUNDE (46. Runde)

Gilles Villeneuve	Ferrari 126 CK	1.48,064 = 167,9 km/h

AUSFÄLLE

Miguel Guerra	Osella FA 1 B	1. Runde, Unfall
Alain Prost	Renault RE 22 B	3. Runde, Getriebe
Jacques Laffitte	Talbot Ligier JS 17	8. Runde, Kollision mit Arnoux
Keijo Rosberg	Fittipaldi F 8 C	15. Runde, Motor
Mario Andretti	Alfa Romeo 179 C	28. Runde, Getriebe
Eddie Cheever	Tyrrell 010	29. Runde, Kollision mit Giacomelli
Bruno Giacomelli	Alfa Romeo 179 C	29. Runde, Kollision mit Cheever
Beppe Gabbiani	Osella FA 1 B	32. Runde, Kollision mit Alboreto
Michele Alboreto	Tyrrell 010	32. Runde, Kollision mit Gabbiani
Eliseo Salazar	March 811 RM	39. Runde, Motor

29	30	31	32	33	34	35	36	37	38	39	40	41	42	43	44	45	46	47	48	49	50	51	52	53	54	55	56	57	58	59	60
28	**28**	**28**	**28**	**28**	**28**	**28**	**28**	**28**	**28**	**28**	**28**	**28**	**28**	**28**	**28**	**28**	**28**	**5**	**5**	**5**	**5**	**5**	**5**	**5**	**5**	**5**	**5**	**5**	**5**	**5**	**5**
5	**5**	**5**	**5**	**5**	**5**	**5**	**5**	**5**	**5**	**5**	**5**	**5**	**5**	**5**	**5**	**5**	**5**	**28**	**28**	**29**	**29**	**29**	**29**	**29**	**29**	**29**	**29**	**29**	**29**	**29**	**29**
29	**29**	**29**	**29**	**29**	**29**	**29**	**29**	**29**	**29**	**29**	**29**	**29**	**29**	**29**	**29**	**29**	**29**	**29**	**29**	**28**	**28**	**28**	**2**	**2**	**2**	**2**	**2**	**2**	**2**	**2**	**2**
2	**2**	**2**	**2**	**2**	**2**	**2**	**2**	**2**	**2**	**2**	**2**	**2**	**2**	**2**	**2**	**2**	**2**	**2**	**2**	**2**	**2**	**2**	**28**	**28**	**28**	**28**	**28**	**28**	**28**	**6**	**6**
6	**6**	**6**	**6**	**6**	**6**	**6**	**6**	**6**	**6**	**6**	**6**	**6**	**6**	**6**	**6**	**6**	**6**	**6**	**6**	**6**	**6**	**6**	**6**	**6**	**6**	**6**	**6**	**6**	**6**	**28**	**28**
16	**8**	**8**	**8**	**8**	**8**	**8**	**8**	**8**	**8**	**8**	**8**	**8**	**8**	**8**	**8**	**8**	**8**	**8**	**8**	**27**	**27**	**27**	**27**	**27**	**27**	**27**	**27**	**27**	**27**	**8**	**8**
8	**16**	**16**	**16**	**16**	**16**	**16**	**16**	**16**	**16**	**16**	**16**	**16**	**16**	**16**	**16**	**27**	**27**	**27**	**27**	**8**	**8**	**8**	**8**	**8**	**8**	**8**	**8**	**8**	**8**	**27**	**27**
4	**4**	**4**	**27**	**27**	**27**	**27**	**27**	**27**	**27**	**27**	**27**	**27**	**27**	**27**	**27**	**16**	**16**	**16**	**16**	**16**	**16**	**16**	**16**	**16**	**16**	**16**	**16**	**16**	**16**	16	
32	**32**	**32**	17	17	17	17	17	17	17	14	14	14	14	14	14	14	14	14	14	14	14	14	14	14	14	14	14	14	14	14	
27	**27**	**27**	14	14	14	14	14	14	14	33	33	33	33	33	33	33	33	33	33	33	33	33	33	33	33	33	33	33	7		
17	17	17	33	33	33	33	33	33	33	7	7	7	7	7	7	7	7	7	7	7	7	7	7	7	7	7	7	7	33		
14	14	14	7	7	7	7	7	7	7	1	1	1	1	1	1	1	1	1	1	1	1	1	1	1	1	1	1	1	1		
33	33	33	1	1	1	1	1	1	1	10	10	10	10	10	10	10	10	10	10	10	10	10	10	10	10	10	10	10			
7	7	7	10	10	10	10	10	10	10	25	25	25	25	25	25	25															
10	1	1	25	25	25	25	25	25	25																						
1	10	10																													
25	25	25																													

WERTUNGSPUNKTE

Fahrer: Reutemann 25, Piquet 22, Jones 18, Patrese 10, Prost 4, Andretti 3, Surer 3, Rebaque 3, de Angelis 3, Cheever 2, Arnoux 2, Pironi 2, Tambay 1, Laffite 1, de Cesaris 1

Konstrukteure: Williams 43, Brabham 25, Arrows 10, Renault 6, Alfa Romeo 3, Ensign 3, Lotus 3, Tyrrell 2, Ferrari 2, Talbot Ligier 1, McLaren 1

Großer Preis von Belgien

STRECKE

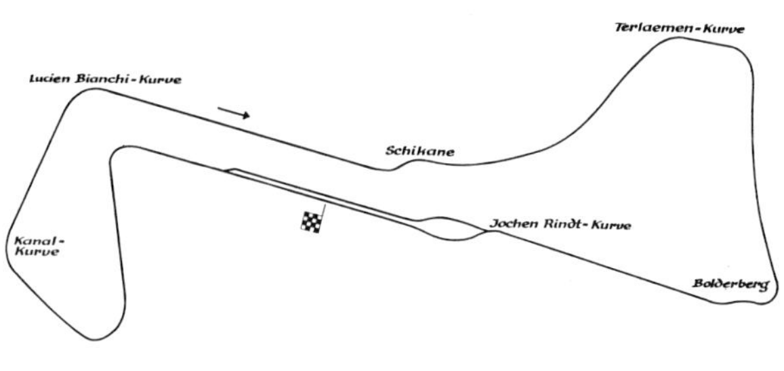

Ort und Datum	**Zolder, 17. Mai**
Streckenlänge	**4,262 km**
Runden	**54**
Renndistanz	**230,148 km**
Bestehender Rundenrekord	**1.20,88 = 189,703 km/h** **Jacques Laffite** **Ligier JS 11/15** **GP 1980**
GP-Sieger	**Didier Pironi, Ligier JS 11/15** **1:38.46,51 = 186,402 km/h**

TRAININGSZEITEN

Nr.	Fahrer	Wagen	15. Mai	16. Mai
1	Alan Jones	Williams FW 07 C/11+14	1.23,82	1.27,43
2	Carlos Reutemann	Williams FW 07 C/12	1.22,28	1.36,27
3	Eddie Cheever	Tyrrell 010/3	1.24,38	1.31,00
4	Michele Alboreto	Tyrrell 010/1	1.25,91	1.32,21
5	Nelson Piquet	Brabham BT 49 C/11+9	1.23,13	–
6	Hector Rebaque	Brabham BT 49 C/12	1.26,52	2.49,14
7	John Watson	McLaren MP 4/2	1.23,73	1.30,92
8	Andrea de Cesaris	McLaren M 29 F/4	1.26,95	1.30,99
11	Elio de Angelis	Lotus 81 B/3+2	1.24,96	–
12	Nigel Mansell	Lotus 81 B/1	1.24,44	–
14	Marc Surer	Ensign MN 15	1.25,19	–
15	Alain Prost	Renault RE 22 B+RE 30	1.24,63	1.43,35
20	Keijo Rosberg	Fittipaldi F 8 C/3	1.24,46	–
21	Chico Serra	Fittipaldi F 8 C/4	1.25,93	–
22	Mario Andretti	Alfa Romeo 179 C/03	1.25,56	1.32,17
23	Bruno Giacomelli	Alfa Romeo 179 C/01	1.25,31	1.37,77
25	Jean-Pierre Jabouille	Talbot Ligier JS 17/03	1.25,28	1.38,87
26	Jacques Laffite	Talbot Ligier JS 17/02	1.24,41	1.44,07
27	Gilles Villeneuve	Ferrari 126 CK/050+051	1.23,94	1.27,33
28	Didier Pironi	Ferrari 126 CK/052	1.23,47	1.36,76
29	Riccardo Patrese	Arrows A 3/5	1.23,67	1.38,28
30	Siegfried Stohr	Arrows A 3/6	1.24,66	–
31	Piercarlo Ghinzani	Osella FA 1 B/02	1.27,48	–
32	Beppe Gabbiani	Osella FA 1 B/03	1.26,69	–
	Nicht qualifiziert:			
16	Rene Arnoux	Renault RE 27 B+RE 31	1.27,93	1.30,71
17	Eliseo Salazar	March 811 RM/02	1.28,38	1.35,66
9	Slim Borgudd	ATS D 5/01	1.28,98	1.35,79
33	Patrick Tambay	Theodore TY 01	–	1.32,47
36	Derek Warwick	Toleman TG 181/01	1.35,97	–
35	Brian Henton	Toleman TG 181/02	1.36,37	1.42,95

RUNDENTABELLE

Nr.	Fahrer	Wagen	1	2	3	4	5	6	7	8	9	10	11	12	13	14	15	16	17	18	19	20	21	22	23	24	25	26	27	28	29	30	31
2	Carlos Reutemann	Williams FW 07 C/12	28	28	28	28	28	28	28	28	28	28	28	28	1	1	1	1	1	1	1	2	2	2	2	2	2	2	2	2	2	2	2
5	Nelson Piquet	Brabham BT 49 C/11	2	2	2	2	2	2	2	2	2	5	1	1	2	2	2	2	2	2	2	26	26	26	26	26	26	26	26	26	26	26	26
28	Didier Pironi	Ferrari 126 CK/052	5	5	5	5	5	5	5	5	5	1	2	2	26	26	26	26	26	26	26	12	12	12	12	12	12	12	12	12	12	12	12
29	Riccardo Patrese	Arrows A 3/5	7	1	1	1	1	1	1	1	1	2	26	26	28	28	28	28	28	28	28	7	7	7	7	7	7	7	7	7	7	7	7
7	John Watson	McLaren MP 4/2	1	7	7	7	7	7	7	7	7	7	7	7	7	7	7	7	7	12	12	27	27	27	27	27	27	27	27	27	27	27	27
1	Alan Jones	Williams FW 07 C/11	27	26	26	26	26	26	26	26	26	26	27	27	27	27	27	27	27	7	7	11	11	11	11	11	11	11	11	11	11	11	11
27	Gilles Villeneuve	Ferrari 126 CK/050	26	27	27	27	27	27	27	27	27	27	12	12	12	12	12	12	12	27	27	28	28	28	28	28	28	28	28	28	3	3	3
3	Eddie Cheever	Tyrrell 010/3	20	20	20	20	12	12	12	12	12	12	11	11	11	11	11	11	11	11	11	6	6	6	6	6	6	6	6	6	6	6	6
26	Jacques Laffite	Talbot Ligier JS 17/02	12	12	12	12	20	20	20	20	20	11	3	3	6	6	6	6	6	6	6	3	3	3	3	3	3	3	3	3	28	28	28
12	Nigel Mansell	Lotus 81 B/1	3	3	3	3	3	3	3	11	11	3	6	6	3	3	3	3	3	3	3	14	14	14	14	14	14	14	14	14	14	14	14
20	Keijo Rosberg	Fittipaldi F 8 C/3	11	11	11	11	11	11	11	3	3	6	14	14	14	14	14	14	14	14	14	23	23	23	23	23	23	23	23	23	23	23	23
15	Alain Prost	Renault RE 22 B	14	14	14	14	14	14	14	6	6	14	22	23	23	23	23	23	23	23	23	22	22	22	22	22	22	22	22	22	22	22	22
30	Siegfried Stohr	Arrows A 3/6	25	25	25	25	25	25	25	14	14	22	23	22	22	22	22	22	22	22	22	32	32	32	21	21	21	21	21	4	4	4	4
11	Elio de Angelis	Lotus 81 B/3	22	22	22	22	22	6	6	25	22	23	21	21	21	21	21	21	21	21	21	21	21	21	4	4	4	4	4	31	31	31	31
14	Marc Surer	Ensign MN 15	21	21	23	23	6	22	22	22	23	21	32	32	32	32	32	32	32	32	32	4	4	4	31	31	31	31	31	25	25	25	25
25	J.-P. Jabouille	Talbot Ligier JS 17/03	23	23	6	6	23	23	23	23	21	32	4	4	4	4	4	4	4	4	4	31	31	31	25	25	25	25	25	21	21		
23	Bruno Giacomelli	Alfa Romeo 179 C/01	6	6	21	21	21	21	21	21	32	4	31	31	31	31	31	31	31	31	31	25	25	25									
22	Mario Andretti	Alfa Romeo 179 C/03	32	32	32	32	32	32	32	32	4	31	25	25	25	25	25	25	25	25	25												
4	Michele Alboreto	Tyrrell 010/1	4	4	4	4	4	4	4	4	31	20	8																				
21	Chico Serra	Fittipaldi F 8 C/4	8	8	8	8	8	8	8	8	8	8																					
6	Hector Rebaque	Brabham BT 49 C/12	31	31	31	31	31	31	31	31	25	25																					
32	Beppe Gabbiani	Osella FA 1 B/03	15	15																													
8	Andrea de Cesaris	McLaren M 29 F/4																															
31	Piercarlo Ghinzani	Osella FA 1 B/02																															

STARTAUFSTELLUNG

2 Carlos Reutemann 1.22,28	
	5 Nelson Piquet 1.23,13
28 Didier Pironi 1.23,47	
	29 Riccardo Patrese 1.23,67
7 John Watson 1.23,73	
	1 Alan Jones 1.23,82
27 Gilles Villeneuve 1.23,94	
	3 Eddie Cheever 1.24,38
26 Jacques Laffite 1.24,41	
	12 Nigel Mansell 1.24,44
20 Keijo Rosberg 1.24,46	
	15 Alain Prost 1.24,63
30 Siegfried Stohr 1.24,66	
	11 Elio de Angelis 1.24,96
14 Marc Surer 1.25,19	
	25 Jean-Pierre Jabouille 1.25,28
23 Bruno Giacomelli 1.25,31	
	22 Mario Andretti 1.25,56
4 Michele Alboreto 1,25,91	
	21 Chico Serra 1.25,93
6 Hector Rebaque 1.26,52	
	32 Beppe Gabbiani 1.26,69
8 Andrea de Cesaris 1.26,95	
	31 Piercarlo Ghinzani 1.27,48

32	33	34	35	36	37	38	39	40	41	42	43	44	45	46	47	48	49	50	51	52	53	54
2	2	2	2	2	2	2	2	2	2	2	2	2	2	2	2	2	2	2	2	2	2	2
26	26	26	26	26	26	26	26	26	26	26	26	26	26	26	26	26	26	26	26	26	26	26
12	12	12	12	12	12	12	12	12	12	12	12	12	12	12	12	12	12	12	12	12	12	12
7	7	7	7	7	7	7	7	7	7	7	7	7	7	7	7	27	27	27	27	27	27	27
27	27	27	27	27	27	27	27	27	27	27	27	27	27	27	27	7	11	11	11	11	11	11
11	11	11	11	11	11	11	11	11	11	11	11	11	11	11	11	11	7	3	3	3	3	3
3	3	3	6	6	6	6	6	3	3	3	3	3	3	3	3	3	3	7	7	7	7	7
6	6	6	3	3	3	3	3	28	28	28	28	28	28	28	28	28	28	28	28	28	28	28
28	28	28	28	28	28	28	28	23	23	23	23	23	23	23	23	23	23	23	23	23	23	23
14	14	14	14	23	23	23	23	14	14	22	22	22	22	22	22	22	22	22	22	22	22	
23	23	23	23	14	14	14	14	22	22	14	14	14	14	14	14	14	14	14	14	14		
22	22	22	22	22	22	22	22	4	4	4	4	4	4	4	4	4	4	4	4	4		
4	4	4	4	4	4	4	4	31	31	31	31	31	31	31	31	31	31	31				
31	31	31	31	31	31	31	31															
25	25	25	25																			

ERGEBNISSE

1. Carlos Reutemann	Williams FW 07 C	1:16.31,61 = 180,445 km/h
2. Jacques Laffite	Talbot Ligier JS 17	1:17.07,67
3. Nigel Mansell	Lotus 81 B	1:17.15,30
4. Gilles Villeneuve	Ferrari 126 CK	1:17.19,25
5. Elio de Angelis	Lotus 81 B	1:17.20,81
6. Eddie Cheever	Tyrrell 010	1:17.24,12
7. John Watson	McLaren MP 4	1:17.33,27
8. Didier Pironi	Ferrari 126 CK	1:18.03,65
9. Bruno Giacomelli	Alfa Romeo 179 C	1:18.07,19
10. Mario Andretti	Alfa Romeo 179 C	53 Runden
11. Marc Surer	Ensign MN 15	52 Runden
12. Michele Alboreto	Tyrrell 010	52 Runden
13. Piercarlo Ghinzani	Osella FA 1 B	50 Runden

SCHNELLSTE RUNDE

(37. Runde)

Carlos Reutemann	Williams FW 07 C	1.23,30 = 184,192 km/h

AUSFÄLLE

Riccardo Patrese	Arrows A 3	1. Runde, Startunfall
Siegfried Stohr	Arrows A 3	1. Runde, Startunfall
Alain Prost	Renault RE 22 B	3. Runde, Kupplung
Keijo Rosberg	Fittipaldi F 8 C	11. Runde, Getriebe
Nelson Piquet	Brabham BT 49 C	11. Runde, Unfall
Andrea de Cesaris	McLaren M 29 F	12. Runde, Getriebe
Alan Jones	Williams FW 07 C	20. Runde, Unfall
Beppe Gabbiani	Osella FA 1 B	23. Runde, Motor
Chico Serra	Fittipaldi F 8 C	30. Runde, Motor
Jean-Pierre Jabouille	Talbot Ligier JS 17	36. Runde, Handling, Getriebe
Hector Rebaque	Brabham BT 49 C	40. Runde, Unfall

WERTUNGSPUNKTE

Fahrer: Reutemann 34, Piquet 22, Jones 18, Patrese 10, Laffite 7, de Angelis 5, Prost 4, Mansell 4, Andretti 3, Surer 3, Rebaque 3, Villeneuve 3, Cheever 3, Arnoux 2, Pironi 2, Tambay 1, de Cesaris 1

Konstrukteure: Williams 52, Brabham 25, Arrows 10, Lotus 9, Talbot Ligier 7, Renault 6, Ferrari 5, Alfa Romeo 3, Ensign 3, Tyrrell 3, McLaren 1, Theodore 1

Großer Preis von Monaco

STRECKE

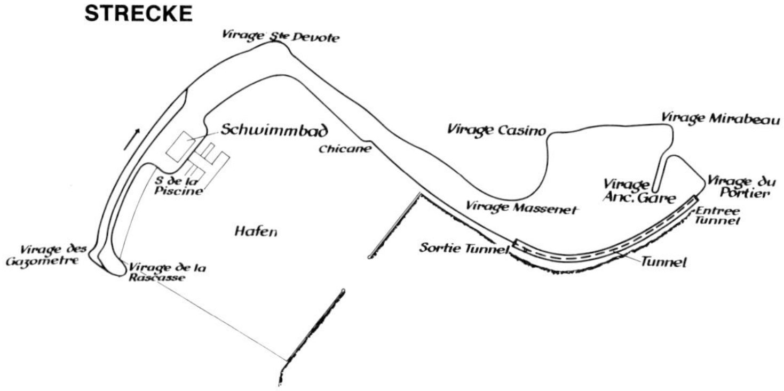

Ort und Datum	**Monaco, 31. Mai**
Streckenlänge	**3,312 km**
Runden	**76**
Renndistanz	**251,712 km**
Bestehender Rundenrekord	**1.26,058 = 138,548 km/h** **Riccardo Patrese** **Arrows A 3** **GP 1980**
GP-Sieger 1980	**Carlos Reutemann, Williams FW 07 B** **1:55.34,365 = 130,677 km/h**

TRAININGSZEITEN

Nr.	Fahrer	Wagen	28. Mai	30. Mai
1	Alan Jones	Williams FW 07 C/15+14	1.26,938	1.26,538
2	Carlos Reutemann	Williams FW 07 C/12	1.27,643	1.26,010
3	Eddie Cheever	Tyrrell 010/3	1.29,282	1.27,594
4	Michele Alboreto	Tyrrell 010/1	1.30,699	1.28,358
5	Nelson Piquet	Brabham BT 49 C/11+9	1.25,710	1.28,667
7	John Watson	McLaren MP 4/2	1.28,137	1.27,058
8	Andrea de Cesaris	McLaren MP 4/1	1.28,966	1.27,122
11	Elio de Angelis	Lotus 87/2+81 B/2	1.28,381	1.26,259
12	Nigel Mansell	Lotus 87/1	1.27,174	1.25,815
14	Marc Surer	Ensign MN 15	1.29,611	1.28,339
15	Alain Prost	Renault RE 30	1.27,623	1.26,953
16	Rene Arnoux	Renault RE 27 B+RE 31	1.28,613	1.27,513
22	Mario Andretti	Alfa Romeo 179 C/03	1.27,512	1.28,162
23	Bruno Giacomelli	Alfa Romeo 179 C/01	1.28,335	1.28,323
26	Jacques Laffite	Talbot Ligier JS 17/02	1.27,468	1.26,704
27	Gilles Villeneuve	Ferrari 126 CK/052	1.26,891	1.25,788
28	Didier Pironi	Ferrari 126 CK/050+051	1.29,150	1.28,266
29	Riccardo Patrese	Arrows A 3/5	1.27,447	1.26,040
30	Siegfried Stohr	Arrows A 3/6	1.29,789	1.27,564
33	Patrick Tambay	Theodore TY 01	1.28,897	1.27,939
	Nicht qualifiziert:			
20	Keijo Rosberg	Fittipaldi F 8 C/3	1.29,924	1.28,436
25	Jean-Pierre Jabouille	Talbot Ligier JS 17/03	1.29,752	1.28,841
6	Hector Rebaque	Brabham BT 49 C/12+10	1.29,188	1.29,256
21	Chico Serra	Fittipaldi F 8 C/4	1.32,109	1.29,434
32	Piercarlo Ghinzani	Osella FA 1 B/03	–	1.29,649
31	Beppe Gabbiani	Osella FA 1 B/02	1.30,983	1.29,795

RUNDENTABELLE

Nr.	Fahrer	Wagen	1	2	3	4	5	6	7	8	9	10	11	12	13	14	15	16	17	18	19	20	21	22	23	24	25	26	27	28	29	30	31
5	Nelson Piquet	Brabham BT 49 C/11	5	5	5	5	5	5	5	5	5	5	5	5	5	5	5	5	5	5	5	5	5	5	5	5	5	5	5	5	5	5	5
27	Gilles Villeneuve	Ferrari 126 CK/052	27	27	27	27	27	27	27	27	27	27	27	27	27	27	27	27	27	27	27	1	1	1	1	1	1	1	1	1	1	1	1
12	Nigel Mansell	Lotus 87/1	12	12	12	12	12	12	12	12	12	12	12	12	12	12	1	1	1	1	1	27	27	27	27	27	29	29	29	29	29	27	27
2	Carlos Reutemann	Williams FW 07 C/12	2	2	2	2	2	2	2	2	2	2	2	2	2	1	29	29	29	29	29	29	29	29	29	29	27	27	27	27	27	11	11
29	Riccardo Patrese	Arrows A 3/5	1	1	1	1	1	1	1	1	1	1	1	1	1	29	11	11	11	11	11	11	11	11	11	11	11	11	11	11	11	26	26
11	Elio de Angelis	Lotus 87/2	29	29	29	29	29	29	29	29	29	29	29	29	29	11	12	26	26	26	26	26	26	26	26	26	26	26	26	26	26	16	16
1	Alan Jones	Williams FW 07 C/15	11	11	11	11	11	11	11	11	11	11	11	11	11	26	26	16	16	16	16	16	16	16	16	16	16	16	16	16	16	15	15
26	Jacques Laffite	Talbot Ligier JS 17/02	26	26	26	26	26	26	26	26	26	26	26	26	26	16	16	15	15	15	15	15	15	15	15	15	15	15	15	15	15	7	7
15	Alain Prost	Renault RE 30	15	15	15	15	15	15	15	15	15	15	16	16	16	15	15	7	7	7	7	7	7	7	7	7	7	7	7	7	7	33	33
7	John Watson	McLaren MP 4/2	16	16	16	16	16	16	16	16	16	16	15	15	15	7	7	33	33	33	33	33	33	33	33	33	33	33	33	33	33	3	3
8	Andrea de Cesaris	McLaren MP 4/1	7	7	7	7	7	7	7	7	7	7	7	7	7	33	33	3	3	3	3	3	3	3	3	3	3	3	3	3	3	28	28
22	Mario Andretti	Alfa Romeo 179 C/03	33	33	33	33	33	33	33	33	33	33	33	33	33	3	3	23	23	23	23	23	23	23	23	23	23	28	28	28	28	23	23
16	Rene Arnoux	Renault RE 27 B	3	3	3	3	3	3	3	3	3	3	3	3	3	23	23	28	28	28	28	28	28	28	28	28	28	23	23	23	23	4	4
30	Siegfried Stohr	Arrows A 3/6	30	30	30	30	30	30	30	30	30	23	23	23	23	28	28	4	4	4	4	4	4	4	4	4	4	4	4	4	4	2	2
3	Eddie Cheever	Tyrrell 010/3	23	23	23	23	23	23	23	23	23	28	28	28	28	4	4	12	14	14	14	14	14	14	14	14	14	14	14	14	2	14	14
33	Patrick Tambay	Theodore TY 01	28	28	28	28	28	28	28	28	28	4	4	4	4	2	14	14	2	2	2	2	2	2	2	2	2	2	2	2	14		
28	Didier Pironi	Ferrari 126 CK/050	4	4	4	4	4	4	4	4	4	30	14	14	14	14	2	2															
23	Bruno Giacomelli	Alfa Romeo 179 C/01	14	14	14	14	14	14	14	14	14	14	30	30	30	30	30																
14	Marc Surer	Ensign MN 15																															
4	Michele Alboreto	Tyrrell 010/1																															

STARTAUFSTELLUNG

27 Gilles Villeneuve 1.25,788	5 Nelson Piquet 1.25,710
2 Carlos Reutemann 1.26,010	12 Nigel Mansell 1.25,815
11 Elio de Angelis 1.26,259	29 Riccardo Patrese 1.26,040
26 Jacques Laffite 1.26,704	1 Alan Jones 1.26,538
7 John Watson 1.27,058	15 Alain Prost 1.26,953
22 Mario Andretti 1.27,512	8 Andrea de Cesaris 1.27,122
30 Siegfried Stohr 1.27,564	16 Rene Arnoux 1.27,513
33 Patrick Tambay 1.27,939	3 Eddie Cheever 1.27,594
23 Bruno Giacomelli 1.28,323	28 Didier Pironi 1.28,266
4 Michele Alboreto 1.28,358	14 Marc Surer 1.28,339

ERGEBNISSE

1. Gilles Villeneuve	Ferrari 126 CK	1:54.23,38 = 132,03 km/h
2. Alan Jones	Williams FW 07 C	1:55.03,29
3. Jacques Laffite	Talbot Ligier JS 17	1:55.52,62
4. Didier Pironi	Ferrari 127 CK	75 Runden
5. Eddie Cheever	Tyrrell 010	74 Runden
6. Marc Surer	Ensign MN 15	74 Runden
7. Patrick Tambay	Theodore TY 01	72 Runden

SCHNELLSTE RUNDE (48. Runde)

Alan Jones	Williams FW 07 C	1.27,47 = 136,311 km/h

AUSFÄLLE

Andrea de Cesaris	McLaren MP 4	1. Runde, Kollision mit Andretti
Mario Andretti	Alfa Romeo 179 C	1. Runde, Kollision mit de Cesaris
Siegfried Stohr	Arrows A 3	16. Runde, Einspritzung
Nigel Mansell	Lotus 87	17. Runde, Hinterrad-aufhängung
Riccardo Patrese	Arrows A 3	30. Runde, Motor
Rene Arnoux	Renault RE 27 B	33. Runde, Unfall
Elio de Angelis	Lotus 87	33. Runde, Motor
Carlos Reutemann	Williams FW 07 C	35. Runde, Getriebe
Alain Prost	Renault RE 30	46. Runde, Motor
Michele Alboreto	Tyrrell 010	51. Runde, Kollision mit Giacomelli
Bruno Giacomelli	Alfa Romeo 179 C	51. Runde, Kollision mit Alboreto
John Watson	McLaren MP 4	54. Runde, Motor
Nelson Piquet	Brabham BT 49 C	54. Runde, Unfall

32	33	34	35	36	37	38	39	40	41	42	43	44	45	46	47	48	49	50	51	52	53
5	**5**	**5**	**5**	**5**	**5**	**5**	**5**	**5**	**5**	**5**	**5**	**5**	**5**	**5**	**5**	**5**	**5**	**5**	**5**	**5**	**5**
1	**1**	**1**	**1**	**1**	**1**	**1**	**1**	**1**	**1**	**1**	**1**	**1**	**1**	**1**	**1**	**1**	**1**	**1**	**1**	**1**	**1**
27	**27**	**27**	**27**	**27**	**27**	**27**	**27**	**27**	**27**	**27**	**27**	**27**	**27**	**27**	**27**	**27**	**27**	**27**	**27**	**27**	**27**
11	**26**	**26**	**26**	**26**	**26**	**26**	**26**	**26**	**26**	**26**	**26**	**26**	**26**	**26**	**26**	**26**	**26**	**26**	**26**	**26**	**26**
26	**7**	**7**	**7**	**7**	**7**	**7**	**7**	**7**	**7**	**7**	**7**	**7**	**7**	**7**	**7**	**7**	**7**	**7**	**7**	**7**	**7**
16	**15**	**15**	**15**	**15**	**15**	**15**	**15**	**15**	**15**	**15**	**15**	**15**	**15**	33	4	28	28	28	28	28	28
7	**33**	**33**	**33**	**33**	**33**	**33**	33	33	33	33	33	33	33	28	28	4	4	4	33	3	3
15	**3**	**28**	**28**	**28**	**28**	28	28	28	28	28	28	28	28	4	33	23	23	23	3	33	33
33	**28**	**23**	**23**	23	23	23	23	23	23	4	4	4	4	23	23	33	33	33	14	14	14
3	**23**	4	4	4	4	4	4	4	4	23	23	23	23	3	3	3	3	3			
28	**4**	3	3	3	3	3	3	3	3	3	3	3	3	14	14	14	14	14			
23	2	14	14	14	14	14	14	14	14	14	14	14	14								
4	14	2																			
2																					
14																					

54	55	56	57	58	59	60	61	62	63	64	65	66	67	68	69	70	71	72	73	74	75	76
1	**1**	**1**	**1**	**1**	**1**	**1**	**1**	**1**	**1**	**1**	**1**	**1**	**1**	**1**	**1**	**1**	**1**	**1**	**27**	**27**	**27**	**27**
27	**27**	**27**	**27**	**27**	**27**	**27**	**27**	**27**	**27**	**27**	**27**	**27**	**27**	**27**	**27**	**27**	**27**	**72**	**1**	**1**	**1**	**1**
26	**26**	**26**	**26**	**26**	**26**	**26**	**26**	**26**	**26**	**26**	**26**	**26**	**26**	**26**	**26**	**26**	**26**	**26**	**26**	**26**	**26**	**26**
28	28	28	28	28	28	28	28	28	28	28	28	28	28	28	28	28	28	28	28	28	28	
3	3	3	3	3	3	3	3	3	3	3	3	3	3	3	3	3	3	3	3	3		
33	33	14	14	14	14	14	14	14	14	14	14	14	14	14	14	14	14	14	14	14		
14	14	33	33	33	33	33	33	33	33	33	33	33	33	33	33	33	33	33				

WERTUNGSPUNKTE

Fahrer: Reutemann 34, Jones 24, Piquet 22, Villeneuve 12, Laffite 11, Patrese 10, Pironi 5, de Angelis 5, Cheever 5, Prost 4, Mansell 4, Surer 4, Andretti 3, Rebaque 3, Arnoux 2, Tambay 1, de Cesaris 1

Konstrukteure: Williams 58, Brabham 25, Ferrari 17, Talbot Ligier 11, Arrows 10, Lotus 9, Renault 6, Tyrrell 5, Ensign 4, Alfa Romeo 3, McLaren 1, Theodore 1

Großer Preis von Spanien

STRECKE

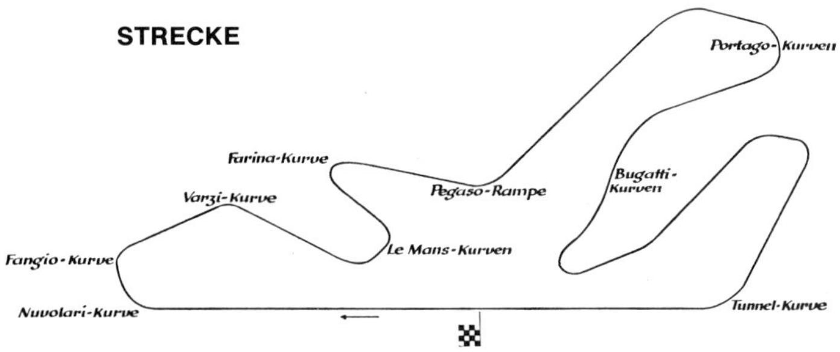

Ort und Datum Jarama, 21. Juni
Streckenlänge 3,312 km
Runden 80
Renndistanz 264,963 km
Bestehender Rundenrekord 1.15,467 = 157,994 km/h
Alan Jones
Williams FW 07 B
F 1-Rennen 1980

GP-Sieger 1979 Patrick Depailler, Ligier JS 11
(1980 kein WM-Lauf) 1:39.11,84 = 154,449 km/h

TRAININGSZEITEN

		19. Juni	20. Juni
1 Alan Jones	Williams FW 07 C/15	1.14,424	1.14,024
2 Carlos Reutemann	Williams FW 07 C/12	1.14,808	1.14,342
3 Eddie Cheever	Tyrrell 010/3	1.17,459	1.16,641
5 Nelson Piquet	Brabham BT 49 C/11+9	1.16,861	1.15,355
6 Hector Rebaque	Brabham BT 49 C/12	1.16,722	1.16,527
7 John Watson	McLaren MP 4/2	1.15,094	1.14,657
8 Andrea de Cesaris	McLaren MP 4/1	1.16,119	1.15,850
11 Elio de Angelis	Lotus 87/2	1.15,399	1.15,499
12 Nigel Mansell	Lotus 87/1	1.16,226	1.15,562
14 Eliseo Salazar	Ensign MN 15	1.18,769	1.17,822
15 Alain Prost	Renault RE 32	1.14,980	1.14,669
16 Rene Arnoux	Renault RE 33+RE 27 B	1.17,132	1.16,406
17 Derek Daly	March 811 RM/04	1.17,416	1.16,979
20 Keijo Rosberg	Fittipaldi F 8 C/3	1.16,040	1.15,924
21 Chico Serra	Fittipaldi F 8 C/4	1.18,705	1.16,782
22 Mario Andretti	Alfa Romeo 179 C/04	1.15,576	1.15,159
23 Bruno Giacomelli	Alfa Romeo 179 C/03	1.16,807	1.14,897
25 Jean-Pierre Jabouille	Talbot Ligier JS 17/03	1.16,559	1.16,794
26 Jacques Laffite	Talbot Ligier JS 17/04	1.14,882	1.13,754
27 Gilles Villeneuve	Ferrari 126 CK/052	1.16,548	1.14,987
28 Didier Pironi	Ferrari 126 CK/053	1.16,522	1.15,715
29 Riccardo Patrese	Arrows A 3 B/3	1.16,038	1.15,627
30 Siegfried Stohr	Arrows A 3 B/2	1.18,331	1.17,294
33 Patrick Tambay	Theodore TY 01	1.17,347	1.16,355
Nicht qualifiziert:			
4 Michele Alboreto	Tyrrell 010/1	1.18,859	1.17,943
31 Beppe Gabbiani	Osella FA 1 B/03+04	–	1.18,169
9 Slim Borgudd	ATS HGS/01	1.20,028	1.18,263
35 Brian Henton	Toleman TG 181/02	1.19,815	1.18,340
36 Derek Warwick	Toleman TG 181/03	1.20,342	1.18,872
32 Giorgio Francia	Osella FA 1 B/04	1.19,586	–

RUNDENTABELLE

		1	2	3	4	5	6	7	8	9	10	11	12	13	14	15	16	17	18	19	20	21	22	23	24	25	26	27	28	29	30	31
26 Jacques Laffite	Talbot Ligier JS 17/04	1	1	1	1	1	1	1	1	1	1	1	1	1	27	27	27	27	27	27	27	27	27	27	27	27	27	27	27	27	27	27
1 Alan Jones	Williams FW 07 C/15	2	27	27	27	27	27	27	27	27	27	27	27	27	2	2	2	2	2	2	2	2	2	2	2	2	2	2	2	2	2	2
2 Carlos Reutemann	Williams FW 07 C/12	27	2	2	2	2	2	2	2	2	2	2	2	2	15	15	15	15	15	15	15	15	15	15	15	15	15	15	15	7	7	7
7 John Watson	McLaren MP 4/2	22	22	22	22	22	22	22	22	22	22	22	22	22	22	22	22	22	22	22	22	22	22	22	22	7	7	7	7	26	26	26
15 Alain Prost	Renault RE 32	15	15	15	15	15	15	15	15	15	15	15	15	15	5	5	5	5	5	5	5	5	5	5	5	26	26	26	26	5	5	5
23 Bruno Giacomelli	Alfa Romeo 179 C/03	7	7	7	7	7	7	7	5	5	5	5	5	5	7	7	7	7	7	7	7	7	7	7	7	5	5	5	5	11	11	11
27 Gilles Villeneuve	Ferrari 126 CK/052	23	5	5	5	5	5	5	7	7	7	7	7	7	26	26	26	26	26	26	26	26	26	26	26	22	22	22	11	22	22	22
22 Mario Andretti	Alfa Romeo 179 C/04	5	28	28	28	28	28	28	28	28	28	26	26	26	28	28	28	28	28	28	11	11	11	11	11	11	11	11	22	12	12	12
5 Nelson Piquet	Brabham BT 49 C/11	29	23	23	23	23	23	23	26	26	26	28	28	28	23	23	11	11	11	11	23	23	23	12	12	12	12	12	12	1	1	1
11 Elio de Angelis	Lotus 87/2	28	29	29	29	29	26	26	23	23	23	23	23	23	11	11	29	29	29	29	12	12	12	23	23	23	23	23	1	23	23	23
12 Nigel Mansell	Lotus 87/1	26	26	26	26	26	29	11	11	11	11	11	11	11	29	29	23	23	23	23	29	6	6	1	1	1	1	1	23	6	6	6
29 Riccardo Patrese	Arrows A 3 B/3	11	11	11	11	11	11	29	29	29	29	29	29	29	20	20	12	12	12	12	20	1	1	6	6	6	6	6	6	16	16	16
28 Didier Pironi	Ferrari 126 CK/053	20	20	20	20	20	20	20	20	20	20	20	20	20	16	12	20	20	20	20	6	20	16	16	16	16	16	16	16	20	20	20
8 Andrea de Cesaris	McLaren MP 4/1	16	16	16	16	16	16	16	16	16	16	16	16	16	12	16	16	16	16	6	1	16	20	20	20	20	20	20	20	21	21	21
20 Keijo Rosberg	Fittipaldi F 8 C/3	8	8	8	8	8	8	6	6	6	6	12	12	12	6	6	6	6	6	16	16	29	21	21	21	21	21	21	21	30	30	30
33 Patrick Tambay	Theodore TY 01	6	6	6	6	6	6	8	8	8	12	6	6	6	1	1	1	1	1	1	28	21	30	30	30	30	30	30	30	14	14	14
16 Rene Arnoux	Renault RE 33	17	12	12	12	12	12	12	12	12	3	3	3	25	25	30	30	30	30	30	30	30	14	14	14	14	14	14	14	33	25	25
6 Hector Rebaque	Brabham BT 49 C/12	12	3	3	3	3	3	3	3	3	25	25	25	3	30	21	21	21	21	21	21	14	33	33	33	33	33	33	33	33	33	33
25 J.-P. Jabouille	Talbot Ligier JS 17/03	3	25	25	25	25	25	25	25	25	30	30	30	30	21	14	14	14	14	14	14	33	25	25	25	25	25	25	25	17	17	17
3 Eddie Cheever	Tyrrell 010/3	25	14	30	30	30	30	30	30	30	21	21	21	21	14	33	33	33	33	33	33	25	17	17	17	17	17	17	17	28	28	28
21 Chico Serra	Fittipaldi F 8 C/4	14	30	14	14	21	21	21	21	21	14	14	14	14	33	25	25	25	25	25	25	17	28	28	28	28	28	28	28	3	3	3
17 Derek Daly	March 811 RM/04	30	21	21	21	14	14	14	14	14	33	33	33	33	17	17	17	17	17	17	17	28	3	3	3	3	3	3	3			
30 Siegfried Stohr	Arrows A 3 B/2	21	17	17	17	33	33	33	33	33	17	17	17	17	3	3	3	3	3	3	3											
14 Eliseo Salazar	Ensign MN 15	33	33	33	33	17	17	17	17	17																						

STARTAUFSTELLUNG

1 Alan Jones
1.14,024

26 Jacques Laffite
1.13,754

7 John Watson
1.14,657

2 Carlos Reutemann
1.14,342

23 Bruno Giacomelli
1.14,897

15 Alain Prost
1.14,669

22 Mario Andretti
1.15,159

27 Gilles Villeneuve
1.14,987

11 Elio de Angelis
1.15,399

5 Nelson Piquet
1.15,355

29 Riccardo Patrese
1.15,627

12 Nigel Mansell
1.15,562

8 Andrea de Cesaris
1.15,850

28 Didier Pironi
1.15,715

33 Patrick Tambay
1.16,355

20 Keijo Rosberg
1.15,924

6 Hector Rebaque
1.16,527

16 Rene Arnoux
1.16,406

3 Eddie Cheever
1.16,641

25 Jean-Pierre Jabouille
1.16,559

17 Derek Daly
1.16,979

21 Chico Serra
1.16,782

14 Eliseo Salazar
1.17,822

30 Siegfried Stohr
1.17,294

ERGEBNISSE

1. Gilles Villeneuve	Ferrari 126 CK	1:46.35,01 = 149,158 km/h
2. Jacques Laffite	Talbot Ligier JS 17	1:46.35,23
3. John Watson	McLaren MP 4	1:46.35,59
4. Carlos Reutemann	Williams FW 07 C	1:46.36,02
5. Elio de Angelis	Lotus 87	1:46.36,25
6. Nigel Mansell	Lotus 87	1:47.03,59
7. Alan Jones	Williams FW 07 C	1:47.31,59
8. Mario Andretti	Alfa Romeo 179 C	1:47.35,81
9. Rene Arnoux	Renault RE 33	1:47.42,09
10. Bruno Giacomelli	Alfa Romeo 179 C	1:47.48,66
11. Chico Serra	Fittipaldi F 8 C	79 Runden
12. Keijo Rosberg	Fittipaldi F 8 C	78 Runden
13. Patrick Tambay	Theodore TY 01	78 Runden
14. Eliseo Salazar	Ensign MN 15	77 Runden
15. Didier Pironi	Ferrari 126 CK	76 Runden
16. Derek Daly	March 811 RM	76 Runden

NICHT GEWERTET

Eddie Cheever	Tyrrell 010	61 Runden

SCHNELLSTE RUNDE (5. Runde)

Alan Jones	Williams FW 07 C	1.17,818 = 153,219 km/h

AUSFÄLLE

Andrea de Cesaris	McLaren MP 4	10. Runde, Unfall
Riccardo Patrese	Arrows A 3 B	22. Runde, Motor
Alain Prost	Renault RE 32	29. Runde, Unfall
Nelson Piquet	Brabham BT 49 C	44. Runde, Unfall
Siegfried Stohr	Arrows A 3 B	44. Runde, Motor
Hector Rebaque	Brabham BT 49 C	47. Runde, Getriebe
Jean-Pierre Jabouille	Talbot Ligier JS 17	53. Runde, Bremsen

32	33	34	35	36	37	38	39	40	41	42	43	44	45	46	47	48	49	50	51	52	53	54	55	56	57	58	59	60	61	62	63	64	65	66	67	68	69	70	71	72	73	74	75	76	77	78	79	80
27	27	27	27	27	27	27	27	27	27	27	27	27	27	27	27	27	27	27	27	27	27	27	27	27	27	27	27	27	27	27	27	27	27	27	27	27	27	27	27	27	27	27	27	27	27	27	27	27
2	2	2	2	2	2	2	2	2	2	2	2	2	2	2	2	2	2	2	2	2	2	2	2	2	2	2	2	2	2	26	26	26	26	26	26	26	26	26	26	26	26	26	26	26	26	26	26	26
7	7	7	7	7	7	7	7	7	7	7	7	7	7	7	7	7	26	26	26	26	26	26	26	26	26	26	26	26	26	7	7	7	7	7	7	7	7	7	7	7	7	7	7	7	7	7	7	7
26	26	26	26	26	26	26	26	26	26	26	26	26	26	26	26	26	7	7	7	7	7	7	7	7	7	7	7	7	7	2	2	2	2	2	2	2	2	2	2	2	2	2	2	2	2	2	2	2
5	5	5	5	5	5	5	5	5	5	5	5	11	11	11	11	11	11	11	11	11	11	11	11	11	11	11	11	11	11	11	11	11	11	11	11	11	11	11	11	11	11	11	11	11	11	11	11	11
11	11	11	11	11	11	11	11	11	11	11	11	12	12	12	12	12	12	12	12	12	12	12	12	12	12	12	12	12	12	12	12	12	12	12	12	12	12	12	12	12	12	12	12	12	12	12	12	12
12	12	12	12	12	12	12	12	12	12	12	12	1	1	1	1	1	1	1	1	1	1	1	1	1	1	1	1	1	1	1	1	1	1	1	1	1	1	1	1	1	1	1	1	1	1	1	1	1
22	22	22	1	1	1	1	1	1	1	1	1	22	22	22	22	22	22	22	22	22	22	22	22	22	22	22	22	22	22	22	22	22	22	22	22	22	22	22	22	22	22	22	22	22	22	22	22	22
1	1	1	22	22	22	22	22	22	22	22	22	16	16	16	16	16	16	16	16	16	16	16	16	16	16	16	16	16	16	16	16	16	16	16	16	16	16	16	16	16	16	16	16	16	16	16	16	16
23	23	23	23	23	23	23	16	16	16	16	16	23	23	23	23	23	23	23	23	23	23	23	23	23	23	23	23	23	23	23	23	23	23	23	23	23	23	23	23	23	23	23	23	23	23	23	23	23
16	16	16	16	16	16	16	23	23	23	23	23	6	20	20	20	20	20	20	20	20	20	20	20	20	20	20	20	20	20	20	20	20	20	20	20	20	20	20	20	20	21	21	21	21	21	21	21	
6	6	6	6	6	6	6	6	6	6	6	6	20	6	21	21	21	21	21	21	21	21	21	21	21	21	21	21	21	21	21	21	21	21	21	21	21	21	21	21	21	20	20	20	20	20	20		
20	20	20	20	20	20	20	20	20	20	20	20	21	21	25	25	33	33	33	33	33	33	33	33	33	33	33	33	33	33	33	33	33	33	33	33	33	33	33	33	33	33	33	33	33	33	33		
21	21	21	21	21	21	21	21	21	21	21	21	25	25	33	33	14	14	14	14	14	14	14	14	14	14	14	14	14	14	14	14	14	14	14	14	14	14	14	14	14	14	14	14	14	14			
30	30	30	14	14	14	14	25	25	25	25	25	33	33	14	14	17	17	17	17	17	17	17	28	28	28	28	28	28	28	28	28	28	28	28	28	28	28	28	28	28	28	28	28	28				
14	14	14	25	25	25	25	14	14	14	14	33	14	14	6	17	28	28	28	28	28	28	28	17	17	17	17	17	17	17	17	17	17	17	17	17	17	17	17	17	17	17	17	17	17				
25	25	25	33	33	33	33	33	33	33	33	14	17	17	17	28	25	25	25	25	25	3	3	3	3	3	3	3	3	3																			
33	33	33	30	17	17	17	17	17	17	17	17	28	28	28	3	3	3	3	3	3																												
17	17	17	17	28	28	28	28	28	28	28	28	3	3	3																																		
28	28	28	28	30	30	30	30	30	30	30	30																																					
3	3	3	3	3	3	3	3	3	3	3	3																																					

WERTUNGSPUNKTE

Fahrer: Reutemann 37, Jones 24, Piquet 22, Villeneuve 21, Laffite 17, Patrese 10, de Angelis 7, Mansell 5, Pironi 5, Cheever 5, Prost 4, Watson 4, Surer 4, Andretti 3, Rebaque 3, Arnoux 2, Tambay 1, de Cesaris 1

Konstrukteure: Williams 61, Ferrari 26, Brabham 25, Talbot Ligier 17, Lotus 12, Arrows 10, Renault 6, McLaren 5, Tyrrell 5, Ensign 4, Alfa Romeo 3, Theodore 1

Großer Preis von Frankreich

STRECKE

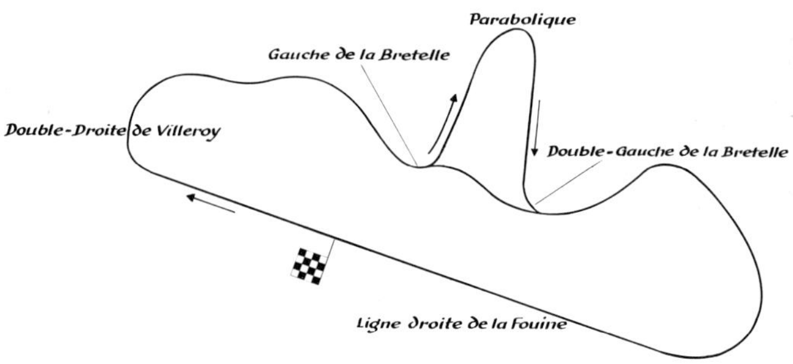

Ort und Datum	**Dijon-Prenois, 5. Juli**
Streckenlänge	**3,8 km**
Runden	**80**
Renndistanz	**304 km**
Bestehender Rundenrekord	**1.09,16 = 197,802 km/h Rene Arnoux Renault RS 10 GP 1979**
GP-Sieger 1980 (Le Castellet)	**Alan Jones, Williams FW 07 B 1:32.43,42 = 203,016 km/h**

TRAININGSZEITEN

			3. Juli	4. Juli
1	Alan Jones	Williams FW 07 C/15+11	1.09,28	1.07,53
2	Carlos Reutemann	Williams FW 07 C/12	1.08,83	1.07,42
3	Eddie Cheever	Tyrrell 010/3	1.11,50	1.09,88
4	Michele Alboreto	Tyrrell 010/1	1.12,37	1.10,64
5	Nelson Piquet	Brabham BT 49 C/11+9	1.09,21	1.06,91
6	Hector Rebaque	Brabham BT 49 C/12	1.09,69	1.08,21
7	John Watson	McLaren MP 4/2+3	1.07,05	1.06,36
8	Andrea de Cesaris	McLaren MP 4/1	1.08,83	1.07,03
11	Elio de Angelis	Lotus 87/2+81 B/2	1.08,40	1.07,52
12	Nigel Mansell	Lotus 87/1	1.09,06	1.07,72
14	Eliseo Salazar	Ensign MN 15	1.15,59	1.10,50
15	Alain Prost	Renault RE 32	1.07,57	1.06,36
16	Rene Arnoux	Renault RE 33	1.07,09	1.05,95
17	Derek Daly	March 811 RM/04	1.12,10	1.09,94
20	Keijo Rosberg	Fittipaldi F 8 C/3	1.10,13	1.09,35
21	Chico Serra	Fittipaldi F 8 C/4	1.13,60	1.10,86
22	Mario Andretti	Alfa Romeo 179 C/04	1.10,09	1.07,56
23	Bruno Giacomelli	Alfa Romeo 179 C/03	1.09,81	1.07,63
25	Patrick Tambay	Talbot Ligier JS 17/03	1.09,51	1.08,47
26	Jacques Laffite	Talbot Ligier JS 17/04	1.08,71	1.07,09
27	Gilles Villeneuve	Ferrari 126 CK/052+050	1.07,60	1.07,68
28	Didier Pironi	Ferrari 126 CK/053	1.08,09	1.08,27
29	Riccardo Patrese	Arrows A 3 B/3	1.09,37	1.10,14
33	Marc Surer	Theodore TY 01	1.19,46	1.10,21
Nicht qualifiziert:				
30	Siegfried Stohr	Arrows A 3 B/2	1.13,13	1.11,24
35	Brian Henton	Toleman TG 181/02	1.29,13	1.11,28
9	Slim Borgudd	ATS HGS/01	1.14,62	1.12,20
31	Beppe Gabbiani	Osella FA 1 B/03	1.12,24	1.36,20
36	Derek Warwick	Toleman TG 181/03	1.13,65	–

RUNDENTABELLE

	1	2	3	4	5	6	7	8	9	10	11	12	13	14	15	16	17	18	19	20	21	22	23	24	25	26	27	28	29	30	31	32	33	34	35	36	37	38
16 Rene Arnoux	5	5	5	5	5	5	5	5	5	5	5	5	5	5	5	5	5	5	5	5	5	5	5	5	5	5	5	5	5	5	5	5	5	5	5	5	5	5
7 John Watson	7	7	15	15	15	15	15	15	15	15	15	15	15	15	15	15	15	15	15	15	15	15	15	15	15	15	15	15	15	15	15	15	15	15	15	15	15	15
15 Alain Prost	15	15	7	7	7	7	7	7	7	7	7	7	7	7	7	7	7	7	7	7	7	7	7	7	7	7	7	7	7	7	7	7	7	7	7	7	7	7
5 Nelson Piquet	8	27	27	27	27	2	2	2	2	2	2	2	2	2	2	2	2	2	2	2	2	2	2	2	2	2	2	2	2	2	2	2	16	16	16	16	16	16
8 Andrea de Cesaris	27	8	8	2	2	27	27	16	16	16	16	16	16	16	16	16	16	16	16	16	16	16	16	16	16	16	16	16	16	16	16	16	2	2	2	2	2	2
26 Jacques Laffite	26	26	2	16	16	16	16	27	27	27	27	27	27	27	27	27	27	27	27	27	27	27	27	27	27	27	27	27	27	27	27	27	27	27	27	27	27	27
2 Carlos Reutemann	2	2	16	8	8	8	8	8	8	8	8	8	8	8	8	26	26	26	26	26	26	26	26	26	26	26	26	26	26	6	6	6	6	6	6	6	6	6
11 Elio de Angelis	16	16	26	26	26	26	26	26	26	26	26	26	26	26	26	8	8	8	8	8	8	8	8	8	8	8	8	8	6	26	26	26	26	26	26	26	26	26
1 Alan Jones	22	22	28	28	28	28	28	28	28	28	28	28	28	28	28	28	28	28	28	28	6	6	6	6	6	6	6	6	8	8	8	8	8	8	8	8	11	11
22 Mario Andretti	28	28	22	22	11	11	11	11	11	11	11	11	11	11	11	6	6	6	6	6	11	11	11	11	11	11	11	11	11	11	11	11	11	11	11	11	8	8
27 Gilles Villeneuve	1	1	11	11	22	22	22	22	22	22	6	6	6	6	6	11	11	11	11	11	28	28	28	28	28	28	28	28	28	28	28	28	28	28	28	28	28	28
23 Bruno Giacomelli	11	11	12	12	12	12	12	12	12	6	22	22	22	22	22	22	22	22	22	22	12	12	12	12	12	12	12	12	12	12	12	12	12	12	12	12	12	12
12 Nigel Mansell	12	12	23	23	23	23	6	6	6	12	12	12	12	12	12	12	12	12	12	12	22	22	22	22	22	22	22	22	22	22	22	22	22	22	22	22	22	22
28 Didier Pironi	23	23	25	25	25	6	23	23	23	23	23	23	23	23	23	23	23	23	23	23	23	23	23	25	25	25	25	25	23	23	23	23	23	23	23	23	23	23
6 Hector Rebaque	25	25	6	6	6	25	25	25	25	25	25	33	33	33	33	25	25	25	25	25	25	25	25	23	23	23	23	23	29	29	29	29	29	29	29	29	33	33
25 Patrick Tambay	20	20	20	17	17	33	33	33	33	33	33	25	25	25	25	29	29	29	29	29	29	29	29	29	29	29	29	29	33	33	33	33	33	33	33	33	29	29
20 Keijo Rosberg	29	29	17	29	33	29	29	29	29	29	29	29	29	29	29	33	33	33	33	33	33	33	33	33	33	33	33	33	3	3	3	3	3	3	3	3	3	3
29 Riccardo Patrese	6	6	29	33	29	17	17	17	17	17	17	17	17	17	17	17	17	17	17	17	17	17	17	17	3	3	3	3	25	4	4	4	4	4	4	4	4	4
3 Eddie Cheever	17	17	14	14	14	14	3	3	3	3	3	3	3	3	3	3	3	3	3	3	3	3	3	3	17	4	4	4	4	25	25	1	1	1	1	1	1	1
17 Derek Daly	14	14	33	20	20	3	4	4	4	4	4	4	4	4	4	4	4	4	4	4	4	4	4	4	4	1	1	1	1	1	1	17	17	17	17	17	17	17
33 Marc Surer	33	33	3	3	3	20	20	20	20	20	20	20	1	1	1	1	1	1	1	1	1	1	1	1	1	17	17	17	17	17	17							
14 Eliseo Salazar	3	3	4	4	4	4	14	1	1	1	1	1																										
4 Michele Alboreto	4	4	1	1	1	1	1																															

STARTAUFSTELLUNG

7 John Watson 1.06,36	16 Rene Arnoux 1.05,95
5 Nelson Piquet 1.06,91	15 Alain Prost 1.06,36
26 Jacques Laffite 1.07,09	8 Andrea de Cesaris 1.07,03
11 Elio de Angelis 1.07,52	2 Carlos Reutemann 1.07,42
22 Mario Andretti 1.07,56	1 Alan Jones 1.07,53
23 Bruno Giacomelli 1.07,63	27 Gilles Villeneuve 1.07,60
28 Didier Pironi 1.08,09	12 Nigel Mansell 1.07,72
25 Patrick Tambay 1.08,47	6 Hector Rebaque 1.08,21
29 Riccardo Patrese 1.09,37	20 Keijo Rosberg 1.09,35
17 Derek Daly 1.09,94	3 Eddie Cheever 1.09,88
14 Eliseo Salazar 1.10,50	33 Marc Surer 1.10,21
Chico Serra* 1.10,86	4 Michele Alboreto 1.10,64

* nicht gestartet

ERGEBNISSE (Addition beider Läufe)

1. Alain Prost	Renault RE 32	1:35.48,13 = 190,392 km/h
2. John Watson	McLaren MP 4	1:35.50,42
3. Nelson Piquet	Brabham BT 49 C	1:36.12,35
4. Rene Arnoux	Renault RE 33	1:36.30,43
5. Didier Pironi	Ferrari 126 CK	79 Runden
6. Elio de Angelis	Lotus 87	79 Runden
7. Nigel Mansell	Lotus 87	79 Runden
8. Mario Andretti	Alfa Romeo 179 C	79 Runden
9. Hector Rebaque	Brabham BT 49 C	78 Runden
10. Carlos Reutemann	Williams FW 07 C	78 Runden
11. Andrea de Cesaris	McLaren MP 4	78 Runden
12. Marc Surer	Theodore TY 01	78 Runden
13. Eddie Cheever	Tyrrell 010	77 Runden
14. Riccardo Patrese	Arrows A 3 B	77 Runden
15. Bruno Giacomelli	Alfa Romeo 179 C	77 Runden
16. Michele Alboreto	Tyrrell 010	77 Runden
17. Alan Jones	Williams FW 07 C	76 Runden

SCHNELLSTE RUNDE (64. Runde)

Alain Prost	Renault RE 32	1.09,14 = 197,859 km/h

AUSFÄLLE

1. Lauf		
Eliseo Salazar	Ensign MN 15	8. Runde, Hinterradaufhängung
Keijo Rosberg	Fittipaldi F 8 C	13. Runde, Hinterradaufhängung
Patrick Tambay	Talbot Ligier JS 17	32. Runde, Hinterradlager
Gilles Villeneuve	Ferrari 126 CK	43. Runde, Zündung
2. Lauf		
Jacques Laffite	Talbot Ligier JS 17	2. Runde, Vorderradaufhängung
Derek Daly	March 811 RM	5. Runde, Motor

9	40	41	42	43	44	45	46	47	48	49	50	51	52	53	54	55	56	57	58
5	5	5	5	5	5	5	5	5	5	5	5	5	5	5	5	5	5	5	5
5	15	15	15	15	15	15	15	15	15	15	15	15	15	15	15	15	15	15	15
7	7	7	7	7	7	7	7	7	7	7	7	7	7	7	7	7	7	7	7
6	16	16	16	16	16	2	2	2	2	2	2	2	2	2	2	2	2	2	2
2	2	2	2	2	2	16	16	16	16	16	16	16	16	16	16	16	16	16	16
7	27	27	6	6	6	6	6	6	6	6	6	6	6	6	6	6	6	6	
6	6	6	27	26	26	26	26	26	26	26	26	26	26	26	26	26	26	26	
6	26	26	26	11	11	8	8	8	8	8	8	8	8	8	8	8	8	11	
1	11	11	11	8	8	11	11	11	11	11	11	11	11	11	11	11	11	28	
8	8	8	8	28	28	28	28	28	28	28	28	28	28	28	28	28	28	12	
8	28	28	28	12	12	12	12	12	12	12	12	12	12	12	12	12	12	22	
2	12	12	12	22	22	22	22	22	22	22	22	22	22	22	22	22	22	33	
2	22	22	22	23	23	23	23	33	33	33	33	33	33	33	33	33	33	23	
3	23	23	23	33	33	33	33	23	23	23	23	23	23	23	23	23	23		
33	33	33	33	29	29	29	29	29	29	29	29	29	29	29	29	29	29		
9	29	29	29	3	3	3	3	3	3	3	3	3	3	3	3	3	3		
3	3	3	3	4	4	4	4	4	4	4	4	4	4	4	4	4	4		
4	4	4	4	1	1	1	1	1	1	1	1	1	1	1	1				
1	1	1	1	17	17	17	17	17	17	17	17	17							
7	17	17	17																

Abbruch (Regen) und Neustart

1	2	3	4	5	6	7	8	9	10	11	12	13	14	15	16	17	18	19	20	21	22
15	15	15	15	15	15	15	15	15	15	15	15	15	15	15	15	15	15	15	15	15	15
7	7	7	7	7	7	7	7	7	7	7	7	7	7	7	7	7	7	7	7	7	7
16	16	16	16	16	16	16	16	16	16	16	16	16	16	16	16	16	16	16	16	16	16
5	28	28	28	28	28	28	28	28	28	28	28	28	28	28	28	28	28	28	28	28	28
2	5	5	5	5	5	5	5	5	5	5	5	5	5	5	5	5	5	5	5	5	5
28	2	12	12	12	12	12	8	8	8	8	8	8	8	8	8	8	8	8	8	8	8
12	12	2	22	22	8	8	22	22	22	22	22	22	22	22	22	22	22	22	22	22	22
23	23	22	8	8	22	22	1	1	1	1	1	1	1	1	1	1	1	1	1	1	1
22	22	8	2	2	2	2	12	12	12	12	12	12	12	12	12	12	12	12	12	12	12
11	11	11	11	1	1	1	2	11	11	11	11	11	11	11	11	11	11	11	11	11	11
29	8	1	1	11	11	11	11	2	2	2	2	2	2	6	6	6	6	6	6	6	
8	29	23	23	23	29	29	3	3	3	3	3	3	6	3	3	3	3	3	3	3	
1	1	29	29	29	3	3	33	33	33	33	33	6	3	33	33	33	33	33	33	33	
33	33	33	33	33	33	33	29	6	6	6	6	33	33	2	2	2	29	29	29	29	
3	3	3	3	3	6	6	6	29	29	29	29	29	29	29	29	29	4	4	4	4	
4	17	17	17	6	23	23	4	4	4	4	4	4	4	4	4	4	2	2	2		
17	6	6	6	4	4	4	23	23	23	23	23	23	23	23	23	23	23	23	23		
6	4	4	4																		
26																					

WERTUNGSPUNKTE

Fahrer: Reutemann 37, Piquet 26, Jones 24, Villeneuve 21, Laffite 17, Prost 13, Patrese 10, Watson 10, de Angelis 8, Pironi 7, Mansell 5, Arnoux 5, Cheever 5, Surer 4, Andretti 3, Rebaque 3, Tambay 1, de Cesaris 1

Konstrukteure: Williams 61, Brabham 29, Ferrari 28, Renault 18, Talbot Ligier 17, Lotus 13, McLaren 11, Arrows 10, Tyrrell 5, Ensign 4, Alfa Romeo 3, Theodore 1

Großer Preis von England

STRECKE

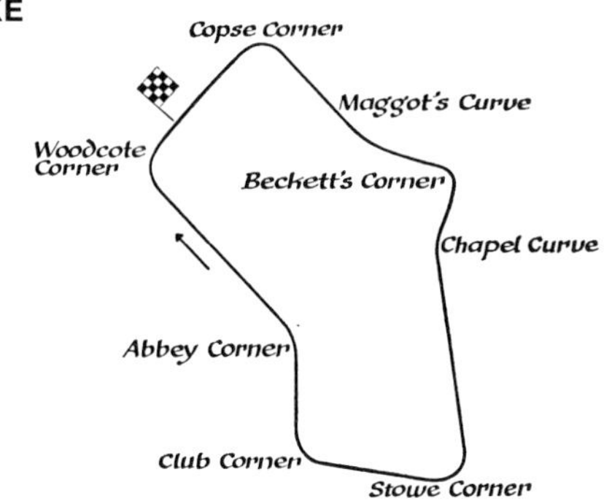

Ort und Datum	**Silverstone, 18. Juli**
Streckenlänge	**4,718 km**
Runden	**68**
Renndistanz	**320,824 km**
Bestehender Rundenrekord	**1.14,40 = 228,320 km/h Clay Regazzoni, Williams FW 07 GP 1979**
GP-Sieger 1980 (Brands Hatch)	**Alan Jones, Williams FW 07 B 1:34.49,228 = 202,279 km/h**

TRAININGSZEITEN

Nr.	Fahrer	Wagen	16. Juli	17. Juli
1	Alan Jones	Williams FW 07 C/11+15	1.12,998	1.13,250
2	Carlos Reutemann	Williams FW 07 C/14	1.13,467	1.13,371
3	Eddie Cheever	Tyrrell 010/2+011/1	1.16,381	1.16,099
4	Michele Alboreto	Tyrrell 010/3	1.16,446	1.15,850
5	Nelson Piquet	Brabham BT 49 C/11+50/1	1.12,328	1.11,952
6	Hector Rebaque	Brabham BT 49 C/12	1.14,594	1.14,542
7	John Watson	McLaren MP 4/2	1.13,370	1.12,712
8	Andrea de Cesaris	McLaren MP 4/1	1.13,976	1.12,728
9	Slim Borgudd	ATS HGS/01	1.16,758	1.15,959
11	Elio de Angelis	Lotus 87/3+88 B/3	1.16,029*	1.15,971
15	Alain Prost	Renault RE 32+RE 31	1.12,237	1.11,046
16	Rene Arnoux	Renault RE 33	1.12,158	1.11,000
17	Derek Daly	March 811 RM/06	1.15,189	1.15,303
20	Keijo Rosberg	Fittipaldi F 8 C/3	1.16,695	1.15,165
22	Mario Andretti	Alfa Romeo 179 D/03+E/04	1.14,440	1.13,928
23	Bruno Giacomelli	Alfa Romeo 179 D/06+02	1.14,119	1.14,442
25	Patrick Tambay	Talbot Ligier JS 17/03+02	1.15,656	1.14,976
26	Jacques Laffite	Talbot Ligier JS 17/04+02	1.15,313	1.14,798
27	Gilles Villeneuve	Ferrari 126 CK/054+051 B	1.14,182	1.13,311
28	Didier Pironi	Ferrari 126 CK/053+051 B	1.14,070	1.12,644
29	Riccardo Patrese	Arrows A 3 B/3	1.15,217	1.13,762
30	Siegfried Stohr	Arrows A 3 B/2	1.17,229	1.15,304
32	Jean-Pierre Jarier	Osella FA 1 B/03	1.15,943	1.15,898
33	Marc Surer	Theodore TY 02	1.17,124	1.16,155
	Nicht qualifiziert:			
21	Chico Serra	Fittipaldi F 8 C/4	1.18,173	1.16,360
35	Brian Henton	Toleman TG 181/02+01	1.16,388	1.19,602
12	Nigel Mansell	Lotus 88 B/2+87/2	1.15,922*	1.16,432
14	Eliseo Salazar	Ensign MN 15	1.17,053	1.16,694
36	Derek Warwick	Toleman TG 181/03	1.17,998	1.16,891
31	Beppe Gabbiani	Osella FA 1 B/04	1.20,377	1.17,784

* ungültige Zeit mit Lotus 88 B

RUNDENTABELLE

Nr.	Fahrer	Wagen	1	2	3	4	5	6	7	8	9	10	11	12	13	14	15	16	17	18	19	20	21	22	23	24	25	26	27	28	29	30	31
16	Rene Arnoux	Renault RE 33	15	15	15	15	15	15	15	15	15	15	15	15	15	15	15	15	16	16	16	16	16	16	16	16	16	16	16	16	16	16	16
15	Alain Prost	Renault RE 32	28	28	16	16	16	16	16	16	16	16	16	16	16	16	16	16	15	7	7	7	7	7	7	7	7	7	7	7	7	7	7
5	Nelson Piquet	Brabham BT 49 C/11	27	16	28	28	5	5	5	5	5	5	5	28	28	7	7	7	7	2	2	2	2	2	2	2	2	2	2	2	2	2	2
28	Didier Pironi	Ferrari 126 CK/053	16	27	5	5	28	28	28	28	28	28	28	2	7	2	2	2	2	22	22	22	22	22	22	22	22	22	22	22	22	22	22
7	John Watson	McLaren MP 4/2	5	5	27	2	2	2	2	2	2	2	2	7	2	22	22	22	22	29	29	29	29	29	29	29	29	29	29	29	29	29	29
8	Andrea de Cesaris	McLaren MP 4/1	1	1	1	22	22	22	22	22	22	22	22	22	22	26	29	29	29	26	11	11	11	11	11	11	6	6	6	6	6	6	6
1	Alan Jones	Williams FW 07 C/11	7	7	7	23	23	7	7	7	7	7	7	26	26	29	26	26	26	11	6	6	6	6	6	6	26	26	26	26	26	26	26
27	Gilles Villeneuve	Ferrari 126 CK/054	8	8	8	25	25	25	25	25	25	26	26	29	29	6	6	11	11	6	26	26	26	26	26	26	11	3	3	3	3	3	3
2	Carlos Reutemann	Williams FW 07 C/14	2	2	2	26	7	26	26	26	26	25	29	6	6	11	11	6	6	3	3	3	3	3	3	3	3	33	33	33	33	33	33
29	Riccardo Patrese	Arrows A 3 B/3	22	22	22	7	26	29	29	6	6	29	6	11	11	3	3	3	3	20	33	33	33	33	33	33	33	9	9	9	9	9	9
22	Mario Andretti	Alfa Romeo 179 D/03	23	23	23	29	29	6	6	29	29	6	11	20	20	20	20	20	20	33	9	9	9	9	9	9	9	20	20	20	20	20	20
23	Bruno Giacomelli	Alfa Romeo 179 D/06	25	25	25	20	6	20	11	11	11	11	20	3	3	9	9	9	9	9	20	32	20	20	20	20	20	17	17	17	17	17	17
6	Hector Rebaque	Brabham BT 49 C/12	26	26	26	6	20	11	20	20	20	20	3	9	9	32	32	32	33	32	32	20	32	17	17	17	17	32	32	32	32	32	32
26	Jacques Laffite	Talbot Ligier JS 17/04	20	20	29	11	11	3	3	3	3	3	9	32	32	33	33	33	32	17	17	17	17	32	32	32	32						
25	Patrick Tambay	Talbot Ligier JS 17/03	29	29	20	3	3	9	9	9	9	9	32	33	33	17	17	17	17														
20	Keijo Rosberg	Fittipaldi F 8 C/3	17	6	6	32	9	32	32	32	32	32	25	17	17	25	25																
17	Derek Daly	March 811 RM/06	6	11	11	9	32	33	33	33	33	33	33	25	25																		
30	Siegfried Stohr	Arrows A 3 B/2	32	3	3	33	33	17	17	17	17	17	17																				
4	Michele Alboreto	Tyrrell 010/3	3	32	32	27	17																										
32	Jean-Pierre Jarier	Osella FA 1 B/03	11	9	9	17																											
9	Slim Borgudd	ATS HGS/01	9	33	33																												
11	Elio de Angelis	Lotus 87/3	33	17	17																												
3	Eddie Cheever	Tyrrell 010/2																															
33	Marc Surer	Theodore TY 02																															

STARTAUFSTELLUNG

	16 Rene Arnoux 1.11,000
15 Alain Prost 1.11,046	
	5 Nelson Piquet 1.11,952
28 Didier Pironi 1.12,644	
	7 John Watson 1.12,712
8 Andrea de Cesaris 1.12,728	
	1 Alan Jones 1.12,998
27 Gilles Villeneuve 1.13,311	
	2 Carlos Reutemann 1.13,371
29 Riccardo Patrese 1.13,762	
	22 Mario Andretti 1.13,928
23 Bruno Giacomelli 1.14,119	
	6 Hector Rebaque 1.14,542
26 Jacques Laffite 1.14,798	
	25 Patrick Tambay 1.14,976
20 Keijo Rosberg 1.15,165	
	17 Derek Daly 1.15,189
30 Siegfried Stohr 1.15,304	
	4 Michele Alboreto 1.15,850
32 Jean-Pierre Jarier 1.15,898	
	9 Slim Borgudd 1.15,959
11 Elio de Angelis 1.15,971	
	3 Eddie Cheever 1.16,099
33 Marc Surer 1.16,155	

ERGEBNISSE

1. John Watson	McLaren MP 4	1:26.54,80 = 221,509 km/h
2. Carlos Reutemann	Williams FW 07 C	1:27.35,45
3. Jacques Laffite	Talbot Ligier JS 17	67 Runden
4. Eddie Cheever	Tyrrell 010	67 Runden
5. Hector Rebaque	Brabham BT 49 C	67 Runden
6. Slim Borgudd	ATS HGS	67 Runden
7. Derek Daly	March 811 RM	66 Runden
8. Jean-Pierre Jarier	Osella FA 1 B	65 Runden
9. Rene Arnoux*	Renault RE 33	64 Runden
10. Riccardo Patrese*	Arrows A 3 B	64 Runden
11. Marc Surer*	Theodore TY 02	61 Runden

* in Wertung ausgeschieden

SCHNELLSTE RUNDE (50. Runde)

Rene Arnoux	Renault RE 33	1.15,067 = 226,29 km/h

AUSFÄLLE

Siegfried Stohr	Arrows A 3 B	1. Runde, Unfall
Michele Alboreto	Tyrrell 010	1. Runde, Kupplung
Andrea de Cesaris	McLaren MP 4	4. Runde, Unfall
Alan Jones	Williams FW 07 C	4. Runde, Kollision mit Villeneuve
Gilles Villeneuve	Ferrari 126 CK	5. Runde, Kollision mit Jones
Bruno Giacomelli	Alfa Romeo 179 D	6. Runde, Getriebe
Nelson Piquet	Brabham BT 49 C	12. Runde, Unfall
Didier Pironi	Ferrari 126 CK	14. Runde, Motor
Patrick Tambay	Talbot Ligier JS 17	16. Runde, Kupplung
Alain Prost	Renault RE 32	18. Runde, Motor
Elio de Angelis	Lotus 87	26. Runde, schwarze Flagge
Keijo Rosberg	Fittipaldi F 8 C	57. Runde, Hinterrad-aufhängung
Mario Andretti	Alfa Romeo 179 D	60. Runde, Gasgestänge

32	33	34	35	36	37	38	39	40	41	42	43	44	45	46	47	48	49	50	51	52	53	54	55	56	57	58	59	60	61	62	63	64	65	66	67	68
16	**16**	**16**	**16**	**16**	**16**	**16**	**16**	**16**	**16**	**16**	**16**	**16**	**16**	**16**	**16**	**16**	**16**	**16**	**16**	**16**	**16**	**16**	**16**	**16**	**16**	**16**	**16**	**16**	**7**	**7**	**7**	**7**	**7**	**7**	**7**	**7**
7	**7**	**7**	**7**	**7**	**7**	**7**	**7**	**7**	**7**	**7**	**7**	**7**	**7**	**7**	**7**	**7**	**7**	**7**	**7**	**7**	**7**	**7**	**7**	**7**	**7**	**7**	**7**	**7**	**16**	**16**	**16**	**16**	**2**	**2**	**2**	**2**
2	**2**	**2**	**2**	**2**	**2**	**2**	**2**	**2**	**2**	**2**	**2**	**2**	**2**	**2**	**2**	**2**	**2**	**2**	**2**	**2**	**2**	**2**	**2**	**2**	**2**	**2**	**2**	**2**	**2**	**2**	**2**	**2**	26	26	26	
22	**22**	**22**	**22**	**22**	**22**	**29**	**29**	**29**	**29**	**29**	**29**	**29**	**29**	**29**	**29**	**29**	**29**	**29**	**29**	**29**	**29**	**29**	**29**	**29**	**29**	**29**	**29**	**29**	**29**	**29**	**29**	**29**	3	3	3	
29	**29**	**29**	**29**	**29**	**29**	**22**	**22**	**22**	**22**	**22**	**22**	**22**	**22**	**22**	22	22	22	22	22	22	22	**22**	**22**	**22**	**22**	**22**	22	26	26	26	26	26	6	6	6	
6	**6**	**6**	**6**	**6**	**6**	**6**	6	26	26	26	26	26	26	26	26	26	26	26	26	26	26	26	26	26	26	26	26	3	3	3	3	3	9	9	9	
26	26	26	26	26	26	26	26	3	3	3	3	3	3	3	3	3	3	3	3	3	3	3	3	3	3	3	3	33	33	6	6	6	17	17		
3	3	3	3	3	3	3	3	33	33	33	33	33	33	33	33	33	33	33	33	33	33	33	33	33	33	33	33	9	6	9	9	9	32			
33	33	33	33	33	33	33	33	6	6	6	6	6	6	6	6	6	6	9	9	9	9	9	9	9	9	9	9	6	9	17	17	17				
9	9	9	9	9	9	9	9	9	9	9	9	9	9	9	9	9	9	6	6	6	6	6	6	6	6	6	6	17	17	32	32	32				
20	20	20	20	20	20	20	20	20	20	20	20	20	20	20	20	20	20	20	20	20	20	20	20	17	17	17	17	32	32							
17	17	17	17	17	17	17	17	17	17	17	17	17	17	17	17	17	17	17	17	17	17	17	17	32	32	32	32									
32	32	32	32	32	32	32	32	32	32	32	32	32	32	32	32	32	32	32	32	32	32	32	32	20												

WERTUNGSPUNKTE

Fahrer: Reutemann 43, Piquet 26, Jones 24, Villeneuve 21, Laffite 21, Watson 19, Prost 13, Patrese 10, Cheever 8, de Angelis 8, Pironi 7, Mansell 5, Arnoux 5, Rebaque 5, Surer 4, Andretti 3, Tambay 1, de Cesaris 1, Borgudd 1

Konstrukteure: Williams 67, Brabham 31, Ferrari 28, Talbot Ligier 21, McLaren 20, Renault 18, Lotus 13, Arrows 10, Tyrrell 8, Ensign 4, Alfa Romeo 3, Theodore 1, ATS 1

Großer Preis von Deutschland

STRECKE

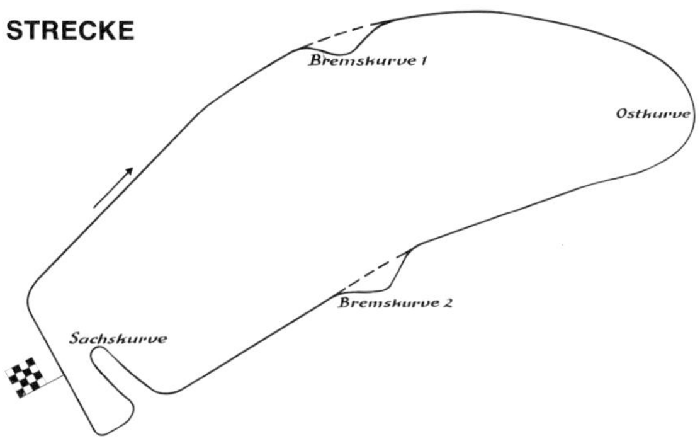

Ort und Datum	**Hockenheim, 2. August**
Streckenlänge	**6,789 km**
Runden	**45**
Renndistanz	**305,505 km**
Bestehender Rundenrekord	**1.48,49 = 225,245 km/h** **Alan Jones, Williams FW 07 B** **GP 1980**
GP-Sieger 1980	**Jacques Laffite, Ligier JS 11/15** **1:22.59,73 = 220,826 km/h**

TRAININGSZEITEN

		31. Juli	1. August
1 Alan Jones	Williams FW 07 C/16+15	1.48,49	1.49,38
2 Carlos Reutemann	Williams FW 07 C/15+14	1.50,20	1.48,43
3 Eddie Cheever	Tyrrell 011/1	1.52,19	1.52,44
5 Nelson Piquet	Brabham BT 49 C/14	1.49,03	1.49,26
6 Hector Rebaque	Brabham BT 49 C/12	1.51,17	1.51,49
7 John Watson	McLaren MP 4/2+3	1.49,52	1.50,36
8 Andrea de Cesaris	McLaren MP 4/1	1.50,07	1.49,58
9 Slim Borgudd	ATS HGS/02	1.52,54	1.54,14
11 Elio de Angelis	Lotus 87/3	1.52,36	1.50,74
12 Nigel Mansell	Lotus 87/4	1.51,98	1.50,86
14 Eliseo Salazar	Ensign MN 15	1.55,58	1.53,16
15 Alain Prost	Renault RE 32	1.48,09	1.47,50
16 Rene Arnoux	Renault RE 33	1.47,96	1.48,08
17 Derek Daly	March 811 RM/06+05	1.55,80	1.52,65
22 Mario Andretti	Alfa Romeo 179 E/04	1.50,64	1.50,73
23 Bruno Giacomelli	Alfa Romeo 179 D/06	1.52,21	1.52,59
25 Patrick Tambay	Talbot Ligier JS 17/03	1.50,00	1.50,61
26 Jacques Laffite	Talbot Ligier JS 17/04	1.50,27	1.49,28
27 Gilles Villeneuve	Ferrari 126 CK/054+051 B	1.49,44	1.50,24
28 Didier Pironi	Ferrari 126 CK/053	1.49,00	1.49,97
29 Riccardo Patrese	Arrows A 3 B/3	1.50,68	1.50,65
30 Siegfried Stohr	Arrows A 3 B/2	1.53,19	1.53,33
32 Jean-Pierre Jarier	Osella FA 1 B/03	1.52,19	1.52,95
33 Marc Surer	Theodore TY 02	1.52,85	1.53,50
Nicht qualifiziert:			
20 Keijo Rosberg	Fittipaldi F 8 C/3	1.53,28	1.53,38
35 Brian Henton	Toleman TG 181/01	1.53,31	1.54,77
31 Beppe Gabbiani	Osella FA 1 B/04	1.55,53	1.53,39
36 Derek Warwick	Toleman TG 181/03	1.54,59	1.53,58
4 Michele Alboreto	Tyrrell 010/3	1.53,69	1.54,19
21 Chico Serra	Fittipaldi F 8 C/4	1.55,22	1.54,89

RUNDENTABELLE

		1	2	3	4	5	6	7	8	9	10	11	12	13	14	15	16	17	18	19	20	21	22	23	24	25	26
15 Alain Prost	Renault RE 32	15	15	15	15	15	15	15	15	15	15	15	15	15	15	15	15	15	15	15	15	1	1	1	1	1	1
16 Rene Arnoux	Renault RE 33	2	2	2	2	1	1	1	1	1	1	1	1	1	1	1	1	1	1	1	1	15	15	15	15	15	15
2 Carlos Reutemann	Williams FW 07 C/15	28	1	1	1	2	2	2	2	5	5	5	5	5	5	2	2	2	2	2	2	2	2	2	2	2	2
1 Alan Jones	Williams FW 07 C/16	1	26	5	5	5	5	5	5	2	2	2	2	2	2	5	5	5	5	5	5	5	5	5	5	5	5
28 Didier Pironi	Ferrari 126 CK/053	26	5	26	26	26	26	26	26	26	26	26	26	26	26	26	26	26	26	26	26	26	26	26	26	26	26
5 Nelson Piquet	Brabham BT 49 C/14	5	27	27	27	27	27	27	25	25	25	25	6	6	6	6	6	6	6	6	6	6	6	6	6	6	6
26 Jacques Laffite	Talbot Ligier JS 17/04	27	25	25	25	25	25	25	27	6	6	6	25	25	25	25	25	25	25	29	29	29	3	3	3	3	3
27 Gilles Villeneuve	Ferrari 126 CK/054	22	22	8	8	29	29	29	6	29	29	29	29	29	29	29	29	29	29	25	3	3	25	25	25	29	29
7 John Watson	McLaren MP 4/2	25	8	22	22	22	6	6	29	3	3	3	3	3	3	3	3	3	3	3	25	25	29	29	29	25	25
8 Andrea de Cesaris	McLaren MP 4/1	7	7	29	29	6	22	22	22	22	22	22	22	22	11	11	11	11	11	11	11	11	11	11	11	11	11
25 Patrick Tambay	Talbot Ligier JS 17/03	8	29	11	11	23	11	11	11	27	11	11	11	11	22	22	22	22	22	22	22	22	22	22	22	22	22
22 Mario Andretti	Alfa Romeo 179 E/04	11	11	6	6	11	23	3	3	11	27	27	32	32	32	32	32	32	32	32	32	32	32	32	32	32	32
29 Riccardo Patrese	Arrows A 3 B/3	29	6	23	23	3	3	17	17	17	17	12	27	23	7	7	7	7	7	7	7	7	7	7	7	7	7
11 Elio de Angelis	Lotus 87/3	6	23	3	3	17	17	12	12	12	12	32	23	7	23	23	23	23	30	30	30	30	30	30	30	30	30
12 Nigel Mansell	Lotus 87/4	23	3	7	17	12	12	23	23	7	23	7	7	30	30	30	30	30	9	9	9	9	9	9	9	9	9
6 Hector Rebaque	Brabham BT 49 C/12	3	17	17	7	7	7	7	7	23	7	23	30	9	9	9	9	9	23	27	27	27	27	27	27	27	27
32 Jean-Pierre Jarier	Osella FA 1 B/03	17	33	33	12	33	32	32	32	32	32	30	9	27	27	27	27	27	27	16	16	16	16	16	16	16	16
3 Eddie Cheever	Tyrrell 011/1	12	14	12	33	32	33	33	33	30	30	9	12	16	16	16	16	16	16	33	33	33	33	33	33	33	33
23 Bruno Giacomelli	Alfa Romeo 179 D/06	33	32	14	32	30	30	30	30	9	9	16	16	33	33	33	33	33	33	23	23	23	23	23	23	23	23
9 Slim Borgudd	ATS HGS/02	14	12	32	30	9	9	9	9	33	16	17	33	17	17	17	14	14	14	14	14	14	14	14	14	14	14
17 Derek Daly	March 811 RM/06	32	30	30	9	16	16	16	16	16	33	33	17	14	14	14											
33 Marc Surer	Theodore TY 02	30	9	9	14	14	14	14	14	14	14	14	14														
14 Eliseo Salazar	Ensign MN 15	9	16	16	16																						
30 Siegfried Stohr	Arrows A 3 B/2	16																									

STARTAUFSTELLUNG

15 Alain Prost 1.47,50	
	16 Rene Arnoux 1.47,96
2 Carlos Reutemann 1.48,43	
	1 Alan Jones 1.48,49
28 Didier Pironi 1.49,00	
	5 Nelson Piquet 1.49,03
26 Jacques Laffite 1.49,28	
	27 Gilles Villeneuve 1.49,44
7 John Watson 1.49,52	
	8 Andrea de Cesaris 1.49,58
25 Patrick Tambay 1.50,00	
	22 Mario Andretti 1.50,64
29 Riccardo Patrese 1.50,65	
	11 Elio de Angelis 1.50,74
12 Nigel Mansell 1.50,86	
	6 Hector Rebaque 1.51,17
32 Jean-Pierre Jarier 1.52,19	
	3 Eddie Cheever 1.52,19
23 Bruno Giacomelli 1.52,21	
	9 Slim Borgudd 1.52,54
17 Derek Daly 1.52,65	
	33 Marc Surer 1.52,85
14 Eliseo Salazar 1.53,16	
	30 Siegfried Stohr 1.53,19

27	28	29	30	31	32	33	34	35	36	37	38	39	40	41	42	43	44	45
1	**1**	**1**	**1**	**1**	**1**	**1**	**1**	**1**	**1**	**1**	**1**	**5**	**5**	**5**	**5**	**5**	**5**	**5**
15	**15**	**15**	**15**	**15**	**15**	**15**	**15**	**15**	**15**	**5**	**5**	**15**	**15**	**15**	**15**	**15**	**15**	**15**
5	**5**	**5**	**5**	**5**	**5**	**5**	**5**	**5**	**5**	**15**	**15**	**1**	**1**	**1**	**26**	**26**	**26**	**26**
2	**26**	**26**	**26**	**26**	**26**	**26**	**26**	**26**	**26**	**26**	**26**	**26**	**26**	**26**	**1**	**6**	**6**	**6**
26	**6**	**6**	**6**	**6**	**6**	**6**	**6**	**6**	**6**	**6**	**6**	**6**	**6**	**6**	**6**	**3**	**3**	**3**
6	**3**	**3**	**3**	**3**	**3**	**3**	**3**	**3**	**3**	**3**	**3**	**3**	**3**	**3**	**3**	7	7	
3	**11**	**11**	**11**	**11**	**11**	11	11	11	11	11	7	7	7	7	7	11	11	
29	**22**	**22**	**22**	**22**	**22**	22	22	7	7	7	11	11	11	11	11	32	32	
25	**32**	**32**	**32**	**32**	**32**	32	32	32	32	32	32	32	32	32	32	1	22	
11	**7**	**7**	7	7	7	7	7	22	22	22	22	22	22	22	22	22	27	
22	30	30	30	30	30	27	27	27	27	27	27	27	27	27	27	27	1	
32	27	27	27	27	27	30	30	30	30	30	30	30	30	30	30	30	30	
7	9	9	9	16	16	16	16	16	16	16	16	16	16	16	16	16	16	
30	16	16	16	9	33	33	33	33	33	33	33	33	33	33	33	33		
27	33	33	33	33	23	23	23	23	23	23	23	23	23	23	23	23		
9	23	23	23	23	9	9	9	9	14	14	14	14	14					
16	14	14	14	14	14	14	14	14										
33																		
23																		
14																		

ERGEBNISSE

1. Nelson Piquet	Brabham BT 49 C	1:25.55,60 = 213,294 km/h
2. Alain Prost	Renault RE 32	1:26.07,12
3. Jacques Laffite	Talbot Ligier JS 17	1:27.00,20
4. Hector Rebaque	Brabham BT 49 C	1:27.35,29
5. Eddie Cheever	Tyrrell 011	1:27.46,12
6. John Watson	McLaren MP 4	44 Runden
7. Elio de Angelis	Lotus 87	44 Runden
8. Jean-Pierre Jarier	Osella FA 1 B	44 Runden
9. Mario Andretti	Alfa Romeo 179 E	44 Runden
10. Gilles Villeneuve	Ferrari 126 CK	44 Runden
11. Alan Jones	Williams FW 07 C	44 Runden
12. Siegfried Stohr	Arrows A 3 B	44 Runden
13. Rene Arnoux	Renault RE 33	44 Runden
14. Marc Surer*	Theodore TY 02	43 Runden
15. Bruno Giacomelli	Alfa Romeo 179 D	43 Runden

* in Wertung ausgeschieden

NICHT GEWERTET

Eliseo Salazar	Ensign MN 15	40 Runden

SCHNELLSTE RUNDE (4. Runde)

Alan Jones	Williams FW 07 C	1.52,42 = 217,371 km/h

AUSFÄLLE

Didier Pironi	Ferrari 126 CK	2. Runde, Motor
Andrea de Cesaris	McLaren MP 4	5. Runde, Unfall
Nigel Mansell	Lotus 87	13. Runde, Kraftstoffleck
Derek Daly	March 811 RM	16. Runde, Spurstange
Patrick Tambay	Talbot Ligier JS 17	28. Runde, Radlager
Riccardo Patrese	Arrows A 3 B	28. Runde, Motor
Carlos Reutemann	Williams FW 07 C	28. Runde, Motor
Slim Borgudd	ATS HGS	36. Runde, Motor

WERTUNGSPUNKTE

Fahrer: Reutemann 43, Piquet 35, Laffite 25, Jones 24, Villeneuve 21, Watson 20, Prost 19, Patrese 10, Cheever 10, Rebaque 8, de Angelis 8, Pironi 7, Mansell 5, Arnoux 5, Surer 4, Andretti 3, Tambay 1, de Cesaris 1, Borgudd 1

Konstrukteure: Williams 67, Brabham 43, Ferrari 28, Talbot Ligier 25, Renault 24, McLaren 21, Lotus 13, Arrows 10, Tyrrell 10, Ensign 4, Alfa Romeo 3, Theodore 1, ATS 1

Großer Preis von Österreich

STRECKE

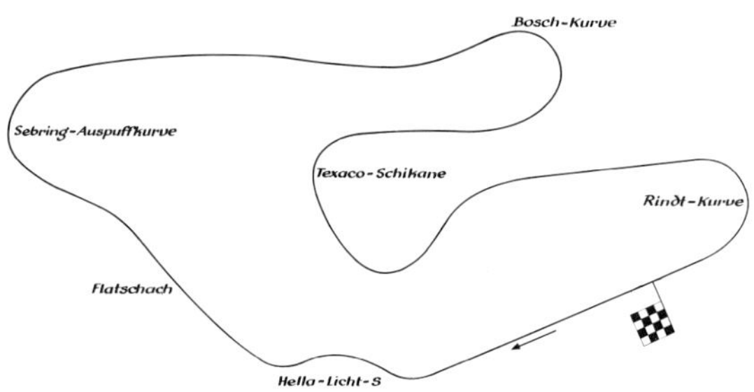

Ort und Datum	**Zeltweg, 16. August**
Streckenlänge	**5,942 km**
Runden	**53**
Renndistanz	**314,926 km**
Bestehender Rundenrekord	**1.32,53 = 231,197 km/h Rene Arnoux, Renault RE 25 GP 1980**
GP-Sieger 1980	**Jean-Pierre Jabouille, Renault RE 23 1:26.15,73 = 223,196 km/h**

TRAININGSZEITEN

			14. August	15. August
1	Alan Jones	Williams FW 07 C/16+15	1.34,654	1.34,999
2	Carlos Reutemann	Williams FW 07 C/14	1.34,531	1.35,633
4	Michele Alboreto	Tyrrell 010/3	1.39,374	1.38,084
5	Nelson Piquet	Brabham BT 49 C/14+9	1.34,871	1.35,519
6	Hector Rebaque	Brabham BT 49 C/12	1.36,511	1.36,150
7	John Watson	McLaren MP 4/3+2	1.36,007	1.35,977
8	Andrea de Cesaris	McLaren MP 4/1	1.36,657	—
9	Slim Borgudd	ATS HGS/02	1.38,529	1.37,709
11	Elio de Angelis	Lotus 87/3	1.35,294	1.35,858
12	Nigel Mansell	Lotus 87/4+2	1.36,688	1.35,569
14	Eliseo Salazar	Ensign MN 15	1.38,273	1.37,631
15	Alain Prost	Renault RE 32	1.32,978	1.32,321
16	Rene Arnoux	Renault RE 33	1.32,682	1.32,018
17	Derek Daly	March 811 RM/05+06	1.37,777	1.37,230
22	Mario Andretti	Alfa Romeo 179 E/01	1.36,560	1.36,079
23	Bruno Giacomelli	Alfa Romeo 179 D/02	1.37,637	1.36,216
25	Patrick Tambay	Talbot Ligier JS 17/03	1.36,233	1.36,443
26	Jacques Laffite	Talbot Ligier JS 17/04	1.35,002	1.34,398
27	Gilles Villeneuve	Ferrari 126 CK/051 B+054	1.33,334	1.35,150
28	Didier Pironi	Ferrari 126 CK/050 B	1.35,346	1.35,037
29	Riccardo Patrese	Arrows A 3 B/5	1.35,912	1.35,442
30	Siegfried Stohr	Arrows A 3 B/3	1.38,616	1.38,546
32	Jean-Pierre Jarier	Osella FA 1 B/04	1.38,004	1.36,117
33	Marc Surer	Theodore TY 03	1.38,522	1.44,262
Nicht qualifiziert:				
3	Eddie Cheever	Tyrrell 011/1+010/2	1.38,583	1.39,351
36	Derek Warwick	Toleman TG 181/04	1.40,391	1.38,593
35	Brian Henton	Toleman TG 181/01	1.39,987	1.38,691
31	Beppe Gabbiani	Osella FA 1 B/03	1.41,198	1.46,079

RUNDENTABELLE

16	Rene Arnoux	Renault RE 32
15	Alain Prost	Renault RE 33
27	Gilles Villeneuve	Ferrari 126 CK/050 B
26	Jacques Laffite	Talbot Ligier JS 17/04
2	Carlos Reutemann	Williams FW 07 C/14
1	Alan Jones	Williams FW 07 C/16
5	Nelson Piquet	Brabham BT 49 C/14
28	Didier Pironi	Ferrari 126 CK/051 B
11	Elio de Angelis	Lotus 87/3
29	Riccardo Patrese	Arrows A 3 B/5
12	Nigel Mansell	Lotus 87/4
7	John Watson	McLaren MP 4/3
22	Mario Andretti	Alfa Romeo 179 E/01
32	Jean-Pierre Jarier	Osella FA 1 B/04
6	Hector Rebaque	Brabham BT 49 C/12
23	Bruno Giacomelli	Alfa Romeo 179 D/02
25	Patrick Tambay	Talbot Ligier JS 17/03
8	Andrea de Cesaris	McLaren MP 4/1
17	Derek Daly	March 811 RM/05
14	Eliseo Salazar	Ensign MN 15
9	Slim Borgudd	ATS HGS/02
4	Michele Alboreto	Tyrrell 010/3
33	Marc Surer	Theodore TY 03
30	Siegfried Stohr	Arrows A 3 B/3

1	2	3	4	5	6	7	8	9	10	11	12	13	14	15	16	17	18	19	20	21	22	23	24	25	26	27	28
27	15	15	15	15	15	15	15	15	15	15	15	15	15	15	15	15	15	15	15	15	15	15	15	15	15	16	16
15	16	16	16	16	16	16	16	16	16	16	16	16	16	16	16	16	16	16	16	16	16	16	16	16	16	26	26
16	28	28	28	28	28	28	28	26	26	26	26	26	26	26	26	26	26	26	26	26	26	26	26	26	26	5	5
28	26	26	26	26	5	5	26	5	5	5	5	5	5	5	5	5	5	5	5	5	5	5	5	5	5	1	1
26	5	5	5	5	26	26	5	1	1	1	1	1	1	1	1	1	1	1	1	1	1	1	1	1	1	2	2
2	27	27	1	1	1	1	1	28	2	2	2	2	2	2	2	2	2	2	2	2	2	2	2	2	2	7	7
5	1	1	2	2	2	2	2	2	28	28	28	28	28	28	28	12	12	12	12	12	12	12	7	7	7	28	28
1	2	2	27	27	29	29	29	29	29	29	29	12	12	12	12	28	28	28	28	28	28	28	28	28	28	11	11
22	22	29	29	29	27	27	27	12	12	12	12	29	29	29	7	7	29	7	7	7	7	7	29	11	11	29	29
6	29	22	22	12	12	12	12	27	27	27	7	7	7	7	29	29	7	29	29	29	29	29	11	29	29	14	14
29	12	12	12	7	7	7	7	7	7	7	25	11	11	11	11	11	11	11	11	11	11	11	14	14	14	8	8
12	6	7	7	6	23	23	25	25	25	25	11	25	25	14	14	14	14	14	14	14	14	14	8	8	8	23	23
7	7	6	6	22	6	25	23	11	11	11	14	14	14	25	23	23	23	23	4	4	8	8	23	23	23	9	9
4	23	23	23	23	25	11	11	14	14	14	23	23	23	23	4	4	4	4	8	8	23	23	9	9	9	4	4
23	25	25	25	25	11	14	14	23	23	23	4	4	4	4	8	8	8	8	23	23	9	9	4	4	4	32	32
25	11	11	11	11	14	4	4	4	4	4	9	9	8	8	9	9	9	9	9	9	4	4	32	32	32	22	22
11	14	14	14	14	4	32	32	9	9	9	8	8	9	9	25	32	32	32	32	32	32	32	30	30	30	30	6
14	4	4	4	4	32	9	9	8	8	8	32	32	32	32	32	30	30	30	30	30	30	30	22	22	22	6	17
32	32	32	32	32	9	8	8	32	32	32	30	30	30	30	30	22	22	22	22	22	22	22	6	6	6	17	
8	8	8	8	8	8	30	30	30	30	30	22	22	22	22	22	6	6	6	6	6	6	6	25	25	25		
9	9	9	9	9	22	22	22	22	22	22	6	6	6	6	6	25	25	25	25	25	25	25	17	17	17		
30	30	30	30	30	30	6	6	6	6	6	17	17	17	17	17	17	17	17	17	17	17	17					
17	17	17	17	17	17	17	17	17	17	17																	

STARTAUFSTELLUNG

15 Alain Prost
1.32,321

16 Rene Arnoux
1.32,018

26 Jacques Laffite
1.34,398

27 Gilles Villeneuve
1.33,334

1 Alan Jones
1.34,654

2 Carlos Reutemann
1.34,531

28 Didier Pironi
1.35,037

5 Nelson Piquet
1.34,871

29 Riccardo Patrese
1.35,442

11 Elio de Angelis
1.35,294

7 John Watson
1.35,977

12 Nigel Mansell
1.35,569

32 Jean-Pierre Jarier
1.36,117

22 Mario Andretti
1.36,079

23 Bruno Giacomelli
1.36,216

6 Hector Rebaque
1.36,150

8 Andrea de Cesaris
1.36,657

25 Patrick Tambay
1.36,233

14 Eliseo Salazar
1.37,631

17 Derek Daly
1.37,230

4 Michele Alboreto
1.38,084

9 Slim Borgudd
1.37,709

30 Siegfried Stohr
1.38,546

33 Marc Surer*
1.38,522

* von den Boxen aus gestartet

29	30	31	32	33	34	35	36	37	38	39	40	41	42	43	44	45	46	47	48	49	50	51	52	53
16	16	16	16	16	16	16	16	16	16	26	26	26	26	26	26	26	26	26	26	26	26	26	26	26
26	26	26	26	26	26	26	26	26	26	16	16	16	16	16	16	16	16	16	16	16	16	16	16	16
5	5	5	5	5	5	5	5	5	5	5	5	5	5	5	5	5	5	5	5	5	5	5	5	5
1	1	1	1	1	1	1	1	1	1	1	1	1	1	1	1	1	1	1	1	1	1	1	1	1
2	2	2	2	2	2	2	2	2	2	2	2	2	2	2	2	2	2	2	2	2	2	2	2	2
7	7	7	7	7	7	7	7	7	7	7	7	7	7	7	7	7	7	7	7	7	7	7	7	7
28	28	28	28	11	28	28	11	11	11	11	11	11	11	11	11	11	11	11	11	11	11	11	11	
29	11	11	11	28	11	11	28	29	29	29	29	29	29	14	8	8	8	8	8	8	8	8	8	
11	29	29	29	29	29	29	29	28	28	14	14	14	14	29	28	28	28	28	28	28	28	28	28	
14	14	14	14	14	14	14	14	14	14	8	8	8	8	8	9	22	22	32	32	32	32	32		
8	8	8	8	8	8	8	8	8	8	28	28	28	28	28	22	32	32	17						
23	23	23	23	23	23	9	9	9	9	9	9	9	9	9	32	17	17							
9	9	9	9	9	9	23	4	4	4	4	4	22	22	22	17									
4	4	4	4	4	4	4	32	32	32	32	22	32	32	32										
32	32	32	32	32	32	32	22	22	22	22	32	17	17	17										
22	22	22	22	22	22	22	17	17	17	17	17													
6	6	6	6	17	17	17																		
17	17	17	17																					

ERGEBNISSE

1. Jacques Laffite	Talbot Ligier JS 17	1:27.36,47 = 215,698 km/h
2. Rene Arnoux	Renault RE 32	1:27.41,64
3. Nelson Piquet	Brabham BT 49 C	1:27.43,81
4. Alan Jones	Williams FW 07 C	1:27.48,51
5. Carlos Reutemann	Williams FW 07 C	1:28.08,32
6. John Watson	McLaren MP 4	1:29.07,61
7. Elio de Angelis	Lotus 87	52 Runden
8. Andrea de Cesaris	McLaren MP 4	52 Runden
9. Didier Pironi	Ferrari 126 CK	52 Runden
10. Jean-Pierre Jarier	Osella FA 1 B	51 Runden
11. Derek Daly	March 811 RM	47 Runden

SCHNELLSTE RUNDE (47. Runde)

Jacques Laffite — Talbot Ligier JS 17 — 1.37,62 = 219,142 km/h

AUSFÄLLE

Marc Surer	Theodore TY 03	1. Runde, Zündung
Gilles Villeneuve	Ferrari 126 CK	12. Runde, Unfall
Nigel Mansell	Lotus 87	24. Runde, Motor
Alain Prost	Renault RE 32	27. Runde, Vorderradaufhängung
Patrick Tambay	Talbot Ligier JS 17	27. Runde, Motor
Siegfried Stohr	Arrows A 3 B	28. Runde, Unfall
Hector Rebaque	Brabham BT 49 C	32. Runde, Motor
Bruno Giacomelli	Alfa Romeo 179 D	35. Runde, Motorbrand
Michele Alboreto	Tyrrell 010	41. Runde, Motor
Eliseo Salazar	Ensign MN 15	44. Runde, Motor
Riccardo Patrese	Arrows A 3 B	44. Runde, Motor
Slim Borgudd	ATS HGS	45. Runde, Radlager
Mario Andretti	Alfa Romeo 179 E	47. Runde, Motor

WERTUNGSPUNKTE

Fahrer: Reutemann 45, Piquet 39, Laffite 34, Jones 27, Villeneuve 21, Watson 21, Prost 19, Arnoux 11, Patrese 10, Cheever 10, de Angelis 8, Rebaque 8, Pironi 7, Mansell 5, Surer 4, Andretti 3, Tambay 1, de Cesaris 1, Borgudd 1

Konstrukteure: Williams 72, Brabham 47, Talbot Ligier 34, Renault 30, Ferrari 28, McLaren 22, Lotus 13, Arrows 10, Tyrrell 10, Ensign 4, Alfa Romeo 3, Theodore 1, ATS 1

Großer Preis der Niederlande

STRECKE

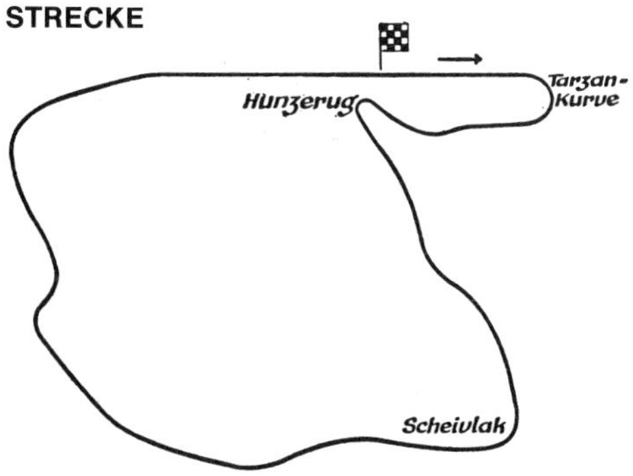

Ort und Datum **Zandvoort, 30. August**
Streckenlänge **4,252 km**
Runden **72**
Renndistanz **306,144 km**
Bestehender Rundenrekord **1.19,35 = 192,907 km/h Rene Arnoux, Renault RE 25 GP 1980**
GP-Sieger 1980 **Nelson Piquet, Brabham BT 49 1:38.13,83 = 186, 995 km/h**

TRAININGSZEITEN

Nr.	Fahrer	Wagen	28. August	29. August
1	Alan Jones	Williams FW 07 C/16+15	1.18,672	1.19,133
2	Carlos Reutemann	Williams FW 07 C/17	1.19,067	1.18,844
3	Eddie Cheever	Tyrrell 011/1	1.21,849	1.21,698
5	Nelson Piquet	Brabham BT 49 C/14	1.19,236	1.18,652
6	Hector Rebaque	Brabham BT 49 C/12	1.20,547	1.20,872
7	John Watson	McLaren MP 4/3	1.19,312	1.19,651
8	Andrea de Cesaris	McLaren MP 4/1	1.20,651	1.20,377
9	Slim Borgudd	ATS HGS/02	1.21,760	1.22,302
11	Elio de Angelis	Lotus 87/3+2	1.21,622	1.19,738
12	Nigel Mansell	Lotus 87/4	1.21,106	1.20,663
14	Eliseo Salazar	Ensign MN 15	1.22,382	1.22,024
15	Alain Prost	Renault RE 34	1.18,279	1.18,176
16	Rene Arnoux	Renault RE 33	1.18,255	1.18,301
17	Derek Daly	March 811 RM/06+05	1.22,274	1.21,391
22	Mario Andretti	Alfa Romeo 179 D/01	1.19,896	1.19,040
23	Bruno Giacomelli	Alfa Romeo 179 C/04	1.20,384	1.20,495
25	Patrick Tambay	Talbot Ligier JS 17/05	1.20,802	1.19,979
26	Jacques Laffite	Talbot Ligier JS 17/04	1.19,386	1.19,018
27	Gilles Villeneuve	Ferrari 126 CK/050 B	1.21.049	1.20,595
28	Didier Pironi	Ferrari 126 CK/051 B+054	1.21,293	1.20,248
29	Riccardo Patrese	Arrows A 3 B/5	1.21,010	1.19,864
30	Siegfried Stohr	Arrows A 3 B/3	1.21,568	1.21,713
32	Jean-Pierre Jarier	Osella FA 1 B/04	1.21,086	1.21,294
33	Marc Surer	Theodore TY 01	1.22,389	1.21,454
	Nicht qualifiziert:			
4	Michele Alboreto	Tyrrell 011/2+010/2	1.25,976	1.22,030
35	Brian Henton	Toleman TG 181/01	1.22,226	1.24,167
20	Keijo Rosberg	Fittipaldi F 8 C/3	1.23,518	6.09,795
21	Chico Serra	Fittipaldi F 8 C/4	1.23,677	1.23,613
31	Beppe Gabbiani	Osella FA 1 B/03	—	1.23,898
36	Derek Warwick	Toleman TG 181/04	1.25,104	1.24,028

RUNDENTABELLE

Nr.	Fahrer	Wagen	1	2	3	4	5	6	7	8	9	10	11	12	13	14	15	16	17	18	19	20	21	22	23	24	25	26	27	28	29	30	31
15	Alain Prost	Renault RE 34	15	15	15	15	15	15	15	15	15	15	15	15	15	15	15	15	15	1	15	15	15	15	1	15	15	15	15	15	15	15	15
16	Rene Arnoux	Renault RE 33	16	16	1	1	1	1	1	1	1	1	1	1	1	1	1	1	1	15	1	1	1	1	15	1	1	1	1	1	1	1	1
5	Nelson Piquet	Brabham BT 49 C/14	1	1	16	16	5	5	5	5	5	5	5	5	5	5	5	5	5	5	5	5	5	5	5	5	5	5	5	5	5	5	5
1	Alan Jones	Williams FW 07 C/16	5	5	5	5	16	16	26	26	26	26	26	26	26	26	26	26	26	26	7	7	7	7	7	7	7	7	7	7	7	7	7
2	Carlos Reutemann	Williams FW 07 C/17	26	26	26	26	26	26	16	16	2	2	2	2	2	2	2	2	2	2	16	16	16	6	6	6	6	6	6	6	6	6	6
26	Jacques Laffite	Talbot Ligier JS 17/04	2	2	2	2	2	2	2	2	16	16	16	16	7	7	7	7	7	7	6	6	6	11	11	11	11	11	11	11	11	11	11
22	Mario Andretti	Alfa Romeo 179 D/01	22	22	7	7	7	7	7	7	7	7	7	7	16	16	16	16	16	16	11	11	11	32	32	32	32	32	32	32	33	33	33
7	John Watson	McLaren MP 4/3	7	7	22	22	22	22	22	11	11	11	29	29	29	11	11	11	6	6	23	32	32	33	33	33	33	33	33	33	3	3	3
11	Elio de Angelis	Lotus 87/3	11	11	11	11	11	11	11	22	29	29	11	11	11	6	6	6	11	11	32	33	33	3	3	3	3	3	3	3	4	4	4
29	Riccardo Patrese	Arrows A 3 B/5	29	29	29	29	29	29	29	29	23	23	6	6	6	29	29	23	23	23	33	3	3	4	4	4	4	4	4	4	14	14	14
25	Patrick Tambay	Talbot Ligier JS 17/05	23	23	23	23	23	23	23	23	6	6	23	23	23	23	23	32	32	32	3	4	4	9	9	9	14	14	14	14	30	30	30
28	Didier Pironi	Ferrari 126 CK/051 B	6	6	6	6	6	6	6	6	22	32	32	32	32	32	32	33	33	33	30	14	9	14	14	14	9	9	9	9	9	9	9
23	Bruno Giacomelli	Alfa Romeo 179 C/04	17	17	17	17	32	32	32	32	32	33	33	33	33	33	33	3	3	3	14	9	14	30	30	30	30	30	30	30	32	22	22
6	Hector Rebaque	Brabham BT 49 C/12	32	32	32	32	33	33	33	33	33	3	3	3	3	3	3	30	30	30	4	30	30	22	22	22	22	22	22	22			
27	Gilles Villeneuve	Ferrari 126 CK/050 B	12	33	33	33	3	3	3	3	3	14	14	14	14	14	30	14	14	14	9	22	22										
12	Nigel Mansell	Lotus 87/4	33	3	3	3	14	14	14	14	14	4	30	30	30	30	14	4	4	4	22												
32	Jean-Pierre Jarier	Osella FA 1 B/04	3	14	14	14	30	4	4	4	4	30	4	4	4	4	4	9	9	9													
17	Derek Daly	March 811 RM/06	30	30	30	30	4	30	30	30	30	9	9	9	9	9	9	29	22	22													
33	Marc Surer	Theodore TY 01	14	4	4	4	9	9	9	9	9	22	22	22	22	22	22	22															
30	Siegfried Stohr	Arrows A 3 B/3	4	9	9	9	17																										
3	Eddie Cheever	Tyrrell 011/1	9	28	28	28																											
9	Slim Borgudd	ATS HGS/02	28																														
14	Eliseo Salazar	Ensign MN 15																															
4	Michele Alboreto	Tyrrell 011/2																															

STARTAUFSTELLUNG

15 Alain Prost 1.18,176

16 Rene Arnoux 1.18,255

5 Nelson Piquet 1.18,652

1 Alan Jones 1.18,672

2 Carlos Reutemann 1.18,844

26 Jacques Laffite 1.19,018

22 Mario Andretti 1.19,040

7 John Watson 1.19,312

11 Elio de Angelis 1.19,738

29 Riccardo Patrese 1.19,864

25 Patrick Tambay 1.19,979

28 Didier Pironi 1.20,248

8 Andrea de Cesaris* 1.20,377

23 Bruno Giacomelli 1.20,384

6 Hector Rebaque 1.20,547

27 Gilles Villeneuve 1.20,595

12 Nigel Mansell 1.20,663

32 Jean-Pierre Jarier 1.21,086

17 Derek Daly 1.21,391

33 Marc Surer 1.21,454

30 Siegfried Stohr 1.21,568

3 Eddie Cheever 1.21,698

9 Slim Borgudd 1.21,760

14 Eliseo Salazar 1.22,024

4 Michele Alboreto 1.22,030

* nicht gestartet

ERGEBNISSE

1. Alain Prost	Renault RE 34	1:40.22,43 = 183,015 km/h
2. Nelson Piquet	Brabham BT 49 C	1:40.30,67
3. Alan Jones	Wiliams FW 07 C	1:40.57,93
4. Hector Rebaque	Brabham BT 49 C	71 Runden
5. Elio de Angelis	Lotus 87	71 Runden
6. Eliseo Salazar	Ensign MN 15	70 Runden
7. Siegfried Stohr	Arrows A 3 B	69 Runden
8. Marc Surer	Theodore TY 01	69 Runden
9. Michele Alboreto	Tyrrell 011	68 Runden
10. Slim Borgudd	ATS HGS	68 Runden

SCHNELLSTE RUNDE (15. Runde)

Alan Jones	Williams FW 07 C	1.21,83 = 187,061 km/h

AUSFÄLLE

Gilles Villeneuve	Ferrari 126 CK	1. Runde, Unfall
Patrick Tambay	Talbot Ligier JS 17	1. Runde, Kollision mit Pironi
Nigel Mansell	Lotus 87	2. Runde, Zündung
Didier Pironi	Ferrari 126 CK	5. Runde, Unfallfolgen
Derek Daly	March 811 RM	6. Runde, Vorderrad-aufhängung
Riccardo Patrese	Arrows A 3 B	17. Runde, Hinterrad-aufhängung
Carlos Reutemann	Williams FW 07 C	19. Runde, Kollision mit Laffite
Jacques Laffite	Talbot Ligier JS 17	19. Runde, Kollision mit Reutemann
Bruno Giacomelli	Alfa Romeo 179 C	20. Runde, Unfall
Rene Arnoux	Renault RE 33	22. Runde, Unfall
Jean-Pierre Jarier	Osella FA 1 B	30. Runde, Motor
Eddie Cheever	Tyrrell 011	47. Runde, Vorderrad-aufhängung
John Watson	McLaren MP 4	51. Runde, Zündung
Mario Andretti	Alfa Romeo 179 D	63. Runde, Unfall

32	33	34	35	36	37	38	39	40	41	42	43	44	45	46	47	48	49	50	51	52	53	54	55	56	57	58	59	60	61	62	63	64	65	66	67	68	69	70	71	72
15	15	15	15	15	15	15	15	15	15	15	15	15	15	15	15	15	15	15	15	15	15	15	15	15	15	15	15	15	15	15	15	15	15	15	15	15	15	15	15	15
1	1	1	1	1	1	1	1	1	1	1	1	1	1	1	1	1	1	1	1	1	1	1	1	1	1	1	1	1	1	1	1	1	1	1	1	1	5	5	5	5
5	5	5	5	5	5	5	5	5	5	5	5	5	5	5	5	5	5	5	5	5	5	5	5	5	5	5	5	5	5	5	5	5	5	5	5	5	1	1	1	1
7	7	7	7	7	7	7	7	7	7	7	7	7	7	7	7	7	7	7	6	6	6	6	6	6	6	6	6	6	6	6	6	6	6	6	6	6	6	6	6	
6	6	6	6	6	6	6	6	6	6	6	6	6	6	6	6	6	6	6	11	11	11	11	11	11	11	11	11	11	11	11	11	11	11	11	11	11	11	11	11	
11	11	11	11	11	11	11	11	11	11	11	11	11	11	11	11	11	11	11	33	33	33	33	33	14	14	14	14	14	14	14	14	14	14	14	14	14	14	14		
33	33	33	33	33	33	33	33	33	33	33	33	33	33	33	33	33	33	33	14	14	14	14	14	33	33	33	33	33	33	4	4	4	4	4	4	4	30			
3	3	3	3	3	3	3	3	3	3	3	3	3	3	3	14	14	14	14	4	4	4	4	4	4	4	4	4	4	4	33	33	33	33	33	33	30	33			
4	14	14	14	14	14	14	14	14	14	14	14	14	14	14	4	4	4	4	30	30	30	30	30	30	30	30	30	30	30	30	30	30	30	30	30	33				
14	4	4	4	4	4	4	4	4	4	4	4	4	4	4	30	9	30	30	9	9	9	9	9	9	9	9	9	9	9	9	9	9	9	9	9	9				
30	30	30	30	30	30	30	30	30	30	30	30	30	30	30	9	30	9	9	22	22	22	22	22	22	22	22	22	22	22	22										
9	9	9	9	9	9	9	9	9	9	9	9	9	9	9	22	22	22	22																						
22	22	22	22	22	22	22	22	22	22	22	22	22	22	22																										

WERTUNGSPUNKTE

Fahrer: Piquet 45, Reutemann 45, Laffite 34, Jones 31, Prost 28, Villeneuve 21, Watson 21, Arnoux 11, Rebaque 11, Patrese 10, Cheever 10, de Angelis 10, Pironi 7, Mansell 5, Surer 4, Andretti 3, Tambay 1, de Cesaris 1, Borgudd 1, Salazar 1

Konstrukteure: Williams 76, Brabham 56, Renault 39, Talbot Ligier 34, Ferrari 28, McLaren 22, Lotus 15, Arrows 10, Tyrrell 10, Ensign 5, Alfa Romeo 3, Theodore 1, ATS 1

Großer Preis von Italien

STRECKE

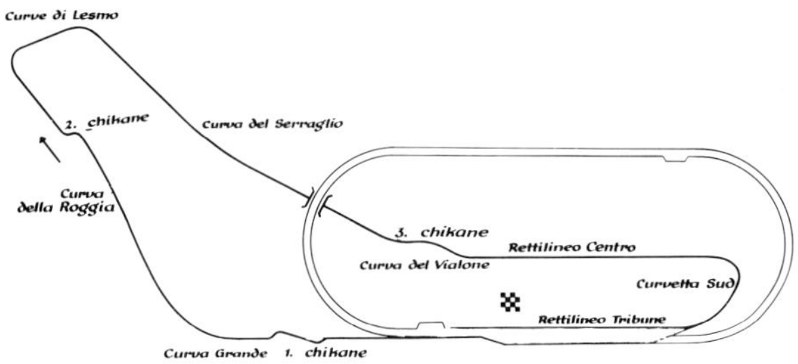

Ort und Datum **Monza, 13. September**
Streckenlänge **5,8 km**
Runden **52**
Renndistanz **301,6 km**
Bestehender Rundenrekord **1.35,60 = 218,41 km/h**
Clay Regazzoni, Williams FW 07
GP 1979
GP-Sieger 1980 (Imola) **Nelson Piquet, Brabham BT 49**
1:38.07,52 = 183,440 km/h

TRAININGSZEITEN

	Fahrer	Wagen	11. Sept.	12. Sept.
1	Alan Jones	Williams FW 07 C/16+15	1.35,983	1.35,358
2	Carlos Reutemann	Williams FW 07 C/17	1.35,153	1.34,140
3	Eddie Cheever	Tyrrell 011/2	1.38,736	1.37,160
4	Michele Alboreto	Tyrrell 011/1	1.38,411	1.37,912
5	Nelson Piquet	Brabham BT 49 C/14+9	1.35,449	1.35,484
6	Hector Rebaque	Brabham BT 49 C/12	1.37,131	1.36,472
7	John Watson	McLaren MP 4/3	1.35,795	1.35,557
8	Andrea de Cesaris	McLaren MP 4/1	—	1.37,019
9	Slim Borgudd	ATS HGS/01+02	1.39,106	1.37,807
11	Elio de Angelis	Lotus 87/3	1.36,158	1.36,309
12	Nigel Mansell	Lotus 87/4	1.38,100	1.36,210
14	Eliseo Salazar	Ensign MN 15	1.39,033	1.38,053
15	Alain Prost	Renault RE 34	1.34,492	1.34,374
16	Rene Arnoux	Renault RE 33	1.34,042	1.33,467
17	Derek Daly	March 811 RM/06	1.38,852	1.37,309
22	Mario Andretti	Alfa Romeo 179 D/02	1.37,166	1.36,296
23	Bruno Giacomelli	Alfa Romeo 179 C/04	1.38,617	1.35,946
25	Patrick Tambay	Talbot Ligier JS 17/03	1.36,515	1.36,545
26	Jacques Laffite	Talbot Ligier JS 17/05+01	1.36,529	1.35,062
27	Gilles Villeneuve	Ferrari 126 CK/053	1.35,627	1.55,012
28	Didier Pironi	Ferrari 126 CK/049 B+054	1.35,977	1.35,596
29	Riccardo Patrese	Arrows A 3 B/5	1.37,355	1.37,522
32	Jean-Pierre Jarier	Osella FA 1 C/01	1.38,167	1.37,264
35	Brian Henton	Toleman TG 181/05	1.41,369	1.38,012
	Nicht qualifiziert:			
33	Marc Surer	Theodore TY 01	1.38,778	1.38,114
31	Beppe Gabbiani	Osella FA 1 B/03	1.40,930	1.38,474
36	Derek Warwick	Toleman TG 181/04	1.39,936	1.39,279
30	Siegfried Stohr	Arrows A 3 B/3	1.39,713	1.39,776
20	Keijo Rosberg	Fittipaldi F 8 C/3	1.42,229	1.40,345
21	Chico Serra	Fittipaldi F 8 C/4	1.41,185	1.40,437

RUNDENTABELLE

	Fahrer	Wagen
16	Rene Arnoux	Renault RE 33
2	Carlos Reutemann	Williams FW 07 C/17
15	Alain Prost	Renault RE 34
26	Jacques Laffite	Talbot Ligier JS 17/05
1	Alan Jones	Williams FW 07 C/16
5	Nelson Piquet	Brabham BT 49 C/14
7	John Watson	McLaren MP 4/3
28	Didier Pironi	Ferrari 126 CK/049 B
27	Gilles Villeneuve	Ferrari 126 CK/053
23	Bruno Giacomelli	Alfa Romeo 179 C/04
11	Elio de Angelis	Lotus 87/3
12	Nigel Mansell	Lotus 87/4
22	Mario Andretti	Alfa Romeo 179 D/02
6	Hector Rebaque	Brabham BT 49 C/12
25	Patrick Tambay	Talbot Ligier JS 17/03
8	Andrea de Cesaris	McLaren MP 4/1
3	Eddie Cheever	Tyrrell 011/2
32	Jean-Pierre Jarier	Osella FA 1 C/01
17	Derek Daly	March 811 RM/06
29	Riccardo Patrese	Arrows A 3 B/5
9	Slim Borgudd	ATS HGS/01
4	Michele Alboreto	Tyrrell 011/1
35	Brian Henton	Toleman TG 181/05
14	Eliseo Salazar	Ensign MN 15

1	2	3	4	5	6	7	8	9	10	11	12	13	14	15	16	17	18	19	20	21	22	23	24	25	26
15	15	15	15	15	15	15	15	15	15	15	15	15	15	15	15	15	15	15	15	15	15	15	15	15	15
28	28	28	28	16	16	16	16	16	16	16	16	1	1	1	1	1	1	1	1	1	1	1	1	1	1
2	2	2	16	28	26	26	2	2	2	2	1	2	2	2	23	23	23	23	23	23	23	23	23	23	5
16	16	16	2	26	28	2	26	28	1	1	2	5	5	23	5	5	5	25	25	25	25	5	5	5	28
5	26	26	26	2	2	28	28	26	5	5	5	28	23	5	28	25	25	5	28	28	5	28	28	28	22
1	1	27	27	27	23	1	1	1	28	28	28	23	28	28	25	28	28	28	5	5	28	22	22	22	2
26	27	1	23	23	1	5	5	5	23	23	23	7	7	25	7	7	7	7	22	22	22	2	2	2	8
27	5	23	1	1	5	23	23	23	26	7	7	25	25	7	2	2	2	2	2	2	2	8	8	8	23
23	23	5	5	5	7	7	7	7	7	17	17	8	8	8	8	8	8	22	8	8	8	11	11	11	11
11	11	7	7	7	17	17	17	17	17	26	25	22	22	22	22	22	22	8	17	17	17	17	17	17	17
7	7	11	11	11	11	11	11	11	11	25	8	11	29	29	11	11	17	17	11	11	11	32	32	32	32
12	12	12	12	17	12	8	8	8	25	11	22	17	11	11	17	17	11	11	12	32	32	35	35	35	35
22	17	17	17	12	8	22	22	25	8	8	11	29	17	17	29	29	12	12	32	35	35				
8	25	8	8	8	22	25	25	22	22	22	29	12	12	12	12	12	29	29	35	12					
17	8	22	22	22	25	12	12	12	29	29	14	14	32	32	32	32	32	32							
25	22	25	25	25	29	29	29	29	14	14	12	32	35	35	35	35	35	35							
32	29	29	29	29	14	14	14	14	12	3	32	35	4	4	4										
29	32	32	32	14	32	9	3	3	3	12	35	4													
14	14	14	14	32	9	32	9	9	9	32	4														
9	9	9	9	9	3	3	32	32	32	35															
35	35	35	3	3	35	35	35	35	35	4															
3	3	3	35	35	27	4	4	4	4																
4	4	4	4	4	4																				

STARTAUFSTELLUNG

16 Rene Arnoux
1.33,467

2 Carlos Reutemann
1.34,140

15 Alain Prost
1.34,374

26 Jacques Laffite
1.35,062

1 Alan Jones
1.35,358

5 Nelson Piquet
1.35,449

7 John Watson
1.35,557

28 Didier Pironi
1.35,596

27 Gilles Villeneuve
1.35,627

23 Bruno Giacomelli
1.35,946

11 Elio de Angelis
1.36,158

12 Nigel Mansell
1.36,210

22 Mario Andretti
1.36,396

6 Hector Rebaque
1.36,472

25 Patrick Tambay
1.36,515

8 Andrea de Cesaris
1.37,019

3 Eddie Cheever
1.37,160

32 Jean-Pierre Jarier
1.37,264

17 Derek Daly
1.37,303

29 Riccardo Patrese
1.37,355

9 Slim Borgudd
1.37,807

4 Michele Alboreto
1.37,912

35 Brian Henton
1.38,012

14 Eliseo Salazar
1.38,053

27	28	29	30	31	32	33	34	35	36	37	38	39	40	41	42	43	44	45	46	47	48	49	50	51	52
15	**15**	**15**	**15**	**15**	**15**	**15**	**15**	**15**	**15**	**15**	**15**	**15**	**15**	**15**	**15**	**15**	**15**	**15**	**15**	**15**	**15**	**15**	**15**	**15**	**15**
1	**1**	**1**	**1**	**1**	**1**	**1**	**1**	**1**	**1**	**1**	**1**	**1**	**1**	**1**	**1**	**1**	**1**	**1**	**1**	**1**	**1**	**1**	**1**	**1**	**1**
5	**5**	**5**	**5**	**5**	**5**	**5**	**5**	**5**	**5**	**5**	**5**	**5**	**5**	**5**	**5**	**5**	**5**	**5**	**5**	**5**	**5**	**5**	**5**	**5**	**2**
28	**28**	**28**	**28**	**28**	**28**	**28**	**28**	**28**	**28**	**28**	**2**	**2**	**2**	**2**	**2**	**2**	**2**	**2**	**2**	**2**	**2**	**2**	**2**	**2**	**11**
22	**22**	**22**	**22**	**22**	**22**	**2**	**2**	**2**	**2**	**2**	**28**	**28**	**28**	**28**	**28**	**28**	**11**	**11**	**11**	**11**	**11**	**11**	**11**	**11**	**28**
2	**2**	**2**	**2**	**2**	**2**	**22**	**22**	**22**	**22**	**22**	**22**	**22**	**22**	**11**	**11**	**11**	**28**	**28**	**28**	**28**	**28**	**28**	**28**	**28**	
8	**8**	**8**	**8**	**8**	**8**	**11**	**11**	**11**	**11**	**11**	**11**	**11**	**11**	**8**	**8**	**8**	**8**	**8**	**8**	**8**	**8**	**8**	**8**	**8**	
11	**11**	**11**	**11**	**11**	**11**	**8**	**8**	**8**	**8**	**8**	**8**	**8**	**8**	**22**	23	23	23	23	23	23	23	23	23		
17	**17**	**17**	**17**	**17**	**17**	**17**	17	17	17	23	23	23	23	23	32	32	32	32	32	32	32	32	32		
23	23	23	32	32	32	32	32	32	32	32	32	32	32	32	35	35	35	35	35	35	35	35			
32	32	32	23	23	23	23	23	23	23	17	35	35	35	35											
35	35	35	35	35	35	35	35	35	35	35															

ERGEBNISSE

1. Alain Prost	Renault RE 34	1:26.33,897 = 209,045 km/h
2. Alan Jones	Williams FW 07 C	1:26.56,072
3. Carlos Reutemann	Williams FW 07 C	1:27.24,484
4. Elio de Angelis	Lotus 87	1:28.06,799
5. Didier Pironi	Ferrari 126 CK	1:28.08,419
6. Nelson Piquet*	Brabham BT 49 C	51 Runden
7. Andrea de Cesaris*	McLaren MP 4	51 Runden
8. Bruno Giacomelli	Alfa Romeo 179 C	50 Runden
9. Jean-Pierre Jarier	Osella FA 1 C	50 Runden
10. Brian Henton	Toleman TG 181	49 Runden

* in Wertung ausgeschieden

SCHNELLSTE RUNDE (48. Runde)

Carlos Reutemann — Williams FW 07 C — 1.37,528 = 214,092 km/h

AUSFÄLLE

Hector Rebaque	Brabham BT 49 C	1. Runde, Zündung
Gilles Villeneuve	Ferrari 126 CK	7. Runde, Turbolader
Slim Borgudd	ATS HGS	11. Runde, Unfall
Jacques Laffite	Talbot Ligier JS 17	12. Runde, Unfall
Eddie Cheever	Tyrrell 011	12. Runde, Unfall
Rene Arnoux	Renault RE 33	13. Runde, Unfall
Eliseo Salazar	Ensign MN 15	14. Runde, Reifen
Michele Alboreto	Tyrrell 011	17. Runde, Unfall
Riccardo Patrese	Arrows A 3 B	20. Runde, Getriebe
John Watson	McLaren MP 4	20. Runde, Unfall
Nigel Mansell	Lotus 87	22. Runde, Hinterradaufhängung
Patrick Tambay	Talbot Ligier JS 17	23. Runde, Unfall
Derek Daly	March 811 RM	38. Runde, Getriebe
Mario Andretti	Alfa Romeo 179 D	42. Runde, Motor

WERTUNGSPUNKTE

Fahrer: Reutemann 49, Piquet 46, Prost 37, Jones 37, Laffite 34, Villeneuve 21, Watson 21, de Angelis 13, Arnoux 11, Rebaque 11, Patrese 10, Cheever 10, Pironi 9, Mansell 5, Surer 4, Andretti 3, Tambay 1, de Cesaris 1, Borgudd 1, Salazar 1

Konstrukteure: Williams 86, Brabham 57, Renault 48, Talbot Ligier 34, Ferrari 30, McLaren 22, Lotus 18, Arrows 10, Tyrrell 10, Ensign 5, Alfa Romeo 3, Theodore 1, ATS 1

Großer Preis von Kanada

STRECKE

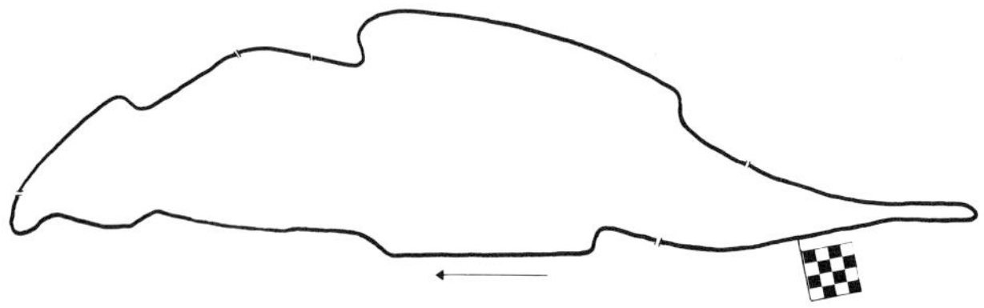

Ort und Datum Montreal, 27. September
Streckenlänge 4,41 km
Runden 63
Renndistanz 277,83 km
Bestehender Rundenrekord 1.28,769 = 182,496 km/h Didier Pironi, Ligier JS 11/15 GP 1980
GP-Sieger 1980 Alan Jones, Williams FW 07 B 1:46.45,53 = 177,034 km/h

TRAININGSZEITEN

			25. Sept.	26. Sept.
1	Alan Jones	Williams FW 07 C/16+15	1.29,728	1.29,781
2	Carlos Reutemann	Williams FW 07 C/17+12	1.29,601	1.29,359
3	Eddie Cheever	Tyrrell 011/2	1.32,652	1.31,547
4	Michele Alboreto	Tyrrell 011/1	1.34,245	1.32,709
5	Nelson Piquet	Brabham BT 49 C/15+14	1.29,211	1.29,537
6	Hector Rebaque	Brabham BT 49 C/12+14	1.31,545	1.30,182
7	John Watson	McLaren MP 4/4+2	1.31,617	1.30,566
8	Andrea de Cesaris	McLaren MP 4/1	1.32,281	1.31,507
9	Slim Borgudd	ATS HGS/02+01	1.34,002	1.32,652
11	Elio de Angelis	Lotus 87/3	1.31,212	1.30,231
12	Nigel Mansell	Lotus 87/5	1.32,233	1.29,997
14	Eliseo Salazar	Ensign MN 15	1.36,016	1.33,848
15	Alain Prost	Renault RE 34+RE 32	1.31,629	1.29,908
16	Rene Arnoux	Renault RE 33	1.34,151	1.30,232
17	Derek Daly	March 811 RM/06+05	1.35,552	1.32,305
22	Mario Andretti	Alfa Romeo 179 D/04+02	1.32,648	1.31,740
23	Bruno Giacomelli	Alfa Romeo 179 C/02	1.34,995	1.31,600
25	Patrick Tambay	Talbot Ligier JS 17/03	1.31,747	1.31,817
26	Jacques Laffite	Talbot Ligier JS 17/05+02	1.31,593	1.30,705
27	Gilles Villeneuve	Ferrari 126 CK/052+050 B	1.32,077	1.31,115
28	Didier Pironi	Ferrari 126 CK/049 B	1.31,976	1.31,350
29	Riccardo Patrese	Arrows A 3 B/5+2	1.31,969	1.32,277
32	Jean-Pierre Jarier	Osella FA 1 C/01	1.33,432	1.33,643
33	Marc Surer	Theodore TY 01	1.34,424	1.32,253
Nicht qualifiziert:				
20	Keijo Rosberg	Fittipaldi F 8 C/3	1.34,634	1.34,310
21	Chico Serra	Fittipaldi F 8 C/4	1.36,937	1.36,546
35	Brian Henton	Toleman TG 181/05	1.40,505	1.36,648
30	Jacques Villeneuve	Arrows A 3 B/3	1.36,720	1.38,308
36	Derek Warwick	Toleman TG 181/04	1.36,999	1.37,256
31	Beppe Gabbiani	Osella FA 1 B/03	1.37,493	1.55,307

RUNDENTABELLE

			1	2	3	4	5	6	7	8	9	10	11	12	13	14	15	16	17	18	19	20	21	22	23	24	25	26	27	28	29	30
5	Nelson Piquet	Brabham BT 49 C/15	1	1	1	1	1	1	15	15	15	15	15	15	26	26	26	26	26	26	26	26	26	26	26	26	26	26	26	26	26	26
2	Carlos Reutemann	Williams FW 07 C/17	5	5	5	5	5	5	26	26	26	26	26	26	15	15	27	27	27	27	27	27	27	27	27	27	27	27	27	27	27	27
1	Alan Jones	Williams FW 07 C/16	15	15	15	15	15	15	27	27	27	27	27	27	27	27	15	15	7	7	7	7	7	7	7	7	7	7	7	7	7	7
15	Alain Prost	Renault RE 34	11	11	11	11	26	26	5	7	7	7	7	7	7	7	7	7	15	15	15	15	15	28	28	28	15	15	15	15	15	15
12	Nigel Mansell	Lotus 87/5	2	26	26	26	11	27	7	5	5	5	5	5	5	5	5	5	5	5	28	28	28	15	15	15	5	5	5	5	5	5
6	Hector Rebaque	Brabham BT 49 C/12	26	12	12	27	27	11	11	11	11	28	28	28	28	28	28	28	28	28	5	5	5	5	5	5	23	23	23	23	23	23
11	Elio de Angelis	Lotus 87/3	12	27	27	12	7	7	1	12	12	11	11	11	11	11	11	17	17	17	17	17	17	17	23	23	17	17	17	17	17	17
16	Rene Arnoux	Renault RE 33	25	7	7	7	12	12	22	22	28	12	17	17	17	17	17	11	11	23	23	23	23	23	17	17	11	8	8	8	8	8
7	John Watson	McLaren MP 4/4	7	22	22	22	22	22	12	28	17	17	12	12	23	23	23	23	23	11	11	11	11	11	11	11	8	11	11	11	11	11
26	Jacques Laffite	Talbot Ligier JS 17/05	27	2	17	17	17	17	17	17	23	23	23	23	12	12	8	8	8	8	8	8	8	8	8	8	32	32	22	22	22	22
27	Gilles Villeneuve	Ferrari 126 CK/052	8	17	8	8	8	8	28	8	8	8	8	8	8	8	12	32	32	32	32	32	32	32	32	32	22	22	12	12	12	12
28	Didier Pironi	Ferrari 126 CK/049 B	22	8	2	28	28	28	8	23	22	22	22	32	32	32	32	22	22	22	22	22	22	22	22	22	12	12	33	33	33	33
8	Andrea de Cesaris	McLaren MP 4/1	23	6	6	23	23	23	23	1	32	32	32	22	22	22	22	12	12	12	12	12	12	12	12	12	33	33	3	3	3	3
3	Eddie Cheever	Tyrrell 011/2	17	23	28	6	25	25	32	32	1	3	3	3	3	3	3	3	3	3	3	3	3	3	33	33	3	3	9	9	9	9
23	Bruno Giacomelli	Alfa Romeo 179 C/02	6	33	23	25	6	6	6	6	3	33	33	33	33	33	33	33	33	33	33	33	33	33	3	3	9	9	2	2	2	2
22	Mario Andretti	Alfa Romeo 179 D/02	33	28	33	33	2	32	3	3	33	2	2	2	2	2	2	2	9	9	9	9	9	9	9	9	2	2	4	4	4	4
25	Patrick Tambay	Talbot Ligier JS 17/03	3	3	25	2	32	4	2	33	2	9	9	9	9	9	9	9	2	2	2	2	2	2	2	2	4	4	6	6	6	6
29	Riccardo Patrese	Arrows A 3 B/5	32	32	3	3	3	3	33	2	9	1	1	1	1	1	1	1	1	1	4	4	4	4	4	4	6	6				
33	Marc Surer	Theodore TY 01	14	25	32	32	9	2	9	9	6	4	4	4	4	4	4	4	4	4	1	1	1	1	1	1						
17	Derek Daly	March 811 RM/06	4	4	4	9	4	9	14	14	4	6	6	6	6	6	6	6	6	6	6	6	6	6	6	6						
9	Slim Borgudd	ATS HGS/02	28	9	9	4	33	33	4	4																						
4	Michele Alboreto	Tyrrell 011/1	9	14	14	14	14	14																								
32	Jean-Pierre Jarier	Osella FA 1 C/01	29	29	29	29	29	29																								
14	Eliseo Salazar	Ensign MN 15																														

STARTAUFSTELLUNG

2 Carlos Reutemann 1.29,359

5 Nelson Piquet 1.29,211

15 Alain Prost 1.29,908

1 Alan Jones 1.29,728

6 Hector Rebaque 1.30,182

12 Nigel Mansell 1.29,997

16 Rene Arnoux 1.30,232

11 Elio de Angelis 1.30,231

26 Jacques Laffite 1.30,705

7 John Watson 1.30,566

28 Didier Pironi 1.31,350

27 Gilles Villeneuve 1.31,115

3 Eddie Cheever 1.31,547

8 Andrea de Cesaris 1.31,507

22 Mario Andretti 1.31,740

23 Bruno Giacomelli 1.31,600

29 Riccardo Patrese 1.31,969

25 Patrick Tambay 1.31,747

17 Derek Daly 1.32,305

33 Marc Surer 1.32,253

4 Michele Alboreto 1.32,709

9 Slim Borgudd 1.32,652

14 Eliseo Salazar 1.33,848

32 Jean-Pierre Jarier 1.33,432

ERGEBNISSE

1. Jaques Laffite	Talbot Ligier JS 17	2:01.25,205 = 137,29 km/h
2. John Watson	McLaren MP 4	2:01.31,438
3. Gilles Villeneuve	Ferrari 126 CK	2:03.15,480
4. Bruno Giacomelli	Alfa Romeo 179 C	62 Runden
5. Nelson Piquet	Brabham BT 49 C	62 Runden
6. Elio de Angelis	Lotus 87	62 Runden
7. Mario Andretti	Alfa Romeo 179 D	62 Runden
8. Derek Daly	March 811 RM	61 Runden
9. Marc Surer	Theodore TY 01	61 Runden
10. Carlos Reutemann	Williams FW 07 C	60 Runden
11. Michele Alboreto	Tyrrell 011	59 Runden

SCHNELLSTE RUNDE (43. Runde)

John Watson	McLaren MP 4	1.49,475 = 145,019 km/h

AUSFÄLLE

Rene Arnoux	Renault RE 33	1. Runde, Unfall
Patrick Tambay	Talbot Ligier JS 17	7. Runde, Unfall
Riccardo Patrese	Arrows A 3 B	7. Runde, Unfall
Eliseo Salazar	Ensign MN 15	9. Runde, Unfall
Didier Pironi	Ferrari 126 CK	25. Runde, Motor
Alan Jones	Williams FW 07 C	25. Runde, Handling
Jean-Pierre Jarier	Osella FA 1 C	27. Runde, Kollision mit Rebaque
Hector Rebaque	Brabham BT 49 C	36. Runde, Unfallfolgen
Slim Borgudd	ATS HGS	41. Runde, Unfall
Nigel Mansell	Lotus 87	46. Runde, Kollision mit Prost
Alain Prost	Renault RE 34	49. Runde, Kollision mit Mansell
Andrea de Cesaris	McLaren MP 4	52. Runde, Unfall
Eddie Cheever	Tyrrell 011	57. Runde, Motor

31	32	33	34	35	36	37	38	39	40	41	42	43	44	45	46	47	48	49	50	51	52	53	54	55	56	57	58	59	60	61	62	63
26	**26**	**26**	**26**	**26**	**26**	**26**	**26**	**26**	**26**	**26**	**26**	**26**	**26**	**26**	**26**	**26**	**26**	**26**	**26**	**26**	**26**	**26**	**26**	**26**	**26**	**26**	**26**	**26**	**26**	**26**	**26**	**26**
27	**27**	**27**	**27**	**27**	**27**	**27**	**7**	**7**	**7**	**7**	**7**	**7**	**7**	**7**	**7**	**7**	**7**	**7**	**7**	**7**	**7**	**7**	**7**	**7**	**7**	**7**	**7**	**7**	**7**	**7**	**7**	**7**
7	**7**	**7**	**7**	**7**	**7**	**7**	**27**	**27**	**27**	**27**	**27**	**27**	**27**	**27**	**27**	**27**	**27**	**27**	**27**	**27**	**27**	**27**	**27**	**27**	**27**	**27**	**27**	**27**	**27**	**27**	**27**	**27**
15	**15**	**15**	**15**	**15**	**15**	**15**	**15**	**15**	**15**	**15**	**15**	**15**	**15**	**15**	**15**	**15**	**15**	**23**	**23**	**23**	**23**	**23**	**23**	**23**	**23**	**23**	23	23	23	23	23	
5	**5**	**5**	**5**	**5**	**23**	**23**	**23**	**23**	**23**	**23**	**23**	**23**	**23**	**23**	**23**	**23**	**23**	**5**	**5**	**5**	**5**	5	5	5	5	5	5	5	5	5	5	
23	**23**	**23**	**23**	**23**	**5**	**5**	**5**	**5**	**5**	**5**	**5**	**5**	**5**	**5**	**5**	**5**	**5**	**8**	**8**	**8**	11	11	11	11	11	11	11	11	11	11	11	
17	**8**	**8**	**8**	**8**	**8**	**8**	**8**	**8**	**8**	**8**	**8**	**8**	**8**	**8**	**8**	**8**	**8**	11	11	11	22	22	22	22	22	22	22	22	22	22	22	
8	**17**	**17**	**17**	**17**	**17**	17	17	17	17	17	17	11	11	11	11	11	11	22	22	22	17	17	17	17	17	17	17	17	17	17		
11	**11**	**11**	**11**	**11**	11	11	11	11	11	11	11	17	22	22	22	22	22	17	17	17	33	33	33	33	33	33	33	33	33	33		
22	**22**	**22**	**22**	22	22	22	22	22	22	22	22	22	17	17	17	17	17	33	33	33	3	3	3	3	3	2	2	2	2			
33	33	33	33	33	33	33	33	33	33	33	33	33	33	33	33	33	33	3	3	3	2	2	2	2	2	4	4	4				
3	3	3	3	3	3	3	3	3	3	3	3	3	3	3	3	3	3	2	2	2	4	4	4	4	4							
12	12	12	12	12	12	12	12	12	12	12	12	12	12	12	2	2	2	4	4	4												
9	9	9	9	9	9	9	9	9	9	2	2	2	2	2	4	4	4															
2	2	2	2	2	2	2	2	2	2	4	4	4	4	4																		
4	4	4	4	4	4	4	4	4	4																							
6	6	6	6	6																												

WERTUNGSPUNKTE

Fahrer: Reutemann 49, Piquet 48, Laffite 43, Prost 37, Jones 37, Watson 27, Villeneuve 25, de Angelis 14, Arnoux 11, Rebaque 11, Patrese 10, Cheever 10, Pironi 9, Mansell 5, Surer 4, Andretti 3, Giacomelli 3, Tambay 1, de Cesaris 1, Borgudd 1, Salazar 1

Konstrukteure: Williams 86, Brabham 59, Renault 48, Talbot Ligier 43, Ferrari 34, McLaren 28, Lotus 19, Arrows 10, Tyrrell 10, Alfa Romeo 6, Ensign 5, Theodore 1, ATS 1

Großer Preis der USA 2

STRECKE

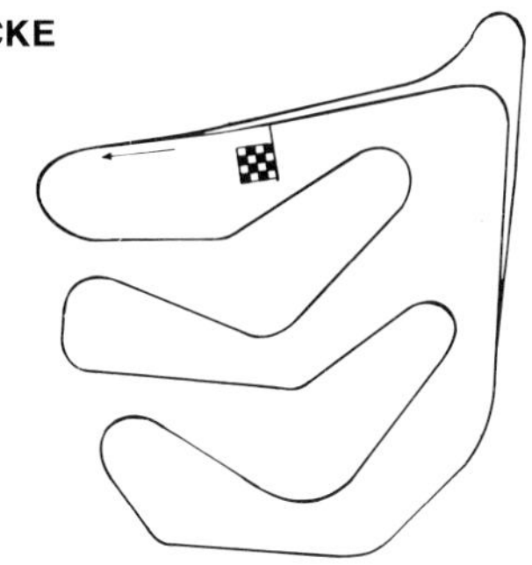

Ort und Datum	**Las Vegas, 17. Oktober**
Streckenlänge	**3,637 km**
Runden	**75**
Renndistanz	**272,775 km**
Bestehender Rundenrekord	**Neue Strecke**
GP-Sieger 1980 (Watkins Glen)	**Alan Jones, Williams FW 07 B 1:34.36,05 = 203,342 km/h**

TRAININGSZEITEN

Nr.	Fahrer	Wagen	15. Oktober	16.Oktobe
1	Alan Jones	Williams FW 07 C/16+15	1.18,236	1.17,995
2	Carlos Reutemann	Williams FW 07 C/17+12	1.17,821	1.18,343
3	Eddie Cheever	Tyrrell 011/2+010/2	1.21,116	1.20,475
4	Michele Alboreto	Tyrrell 011/1	1.21,964	1.19,774
5	Nelson Piquet	Brabham BT 49 C/15+14	1.18,954	1.18,161
6	Hector Rebaque	Brabham BT 49 C/12	1.20,555	1.19,571
7	John Watson	McLaren MP 4/4+2	1.19,975	1.18,617
8	Andrea de Cesaris	McLaren MP 4/1	1.19,338	1.19,217
11	Elio de Angelis	Lotus 87/3+2	1.20,337	1.19,562
12	Nigel Mansell	Lotus 87/5	1.19,044	1.19,623
14	Eliseo Salazar	Ensign MN 15	1.22,616	1.21,629
15	Alain Prost	Renault RE 34+RE 32	1.18,433	1.18,760
16	Rene Arnoux	Renault RE 35	1.19,966	1.19,197
20	Keijo Rosberg	Fittipaldi F 8 C/3	1.21,299	1.20,729
22	Mario Andretti	Alfa Romeo 179 D/02+04	1.19,594	1.19,068
23	Bruno Giacomelli	Alfa Romeo 179 C/04	1.20,570	1.18,792
25	Patrick Tambay	Talbot Ligier JS 17/05	1.19,874	1.18,681
26	Jacques Laffite	Talbot Ligier JS 17/03+02	1.19,878	1.19,167
27	Gilles Villeneuve	Ferrari 126 CK/052	1.18,457	1.18,060
28	Didier Pironi	Ferrari 126 CK/049 B	1.19,899	1.21,347
29	Riccardo Patrese	Arrows A 3 B/5+2	1.20,132	1.19,152
32	Jean-Pierre Jarier	Osella FA 1 C/01	–	1.20,781
33	Marc Surer	Theodore TY 01	1.21,889	1.21,430
36	Derek Warwick	Toleman TG 181/03	1.22,491	1.21,294
	Nicht qualifiziert:			
9	Slim Borgudd	ATS HGS/01	1.21,665	1.21,731
21	Chico Serra	Fittipaldi F 8 C/4	1.22,612	1.21,672
17	Derek Daly	March 811 RM/06	1.21,846	1.21,824
30	Jacques Villeneuve	Arrows A 3 B/3	1.22,977	1.22,822
35	Brian Henton	Toleman TG 181/05+01	1.23,857	1.22,960
31	Beppe Gabbiani	Osella FA 1 B/03	1.26,634	–

RUNDENTABELLE

Nr.	Fahrer	Wagen	1	2	3	4	5	6	7	8	9	10	11	12	13	14	15	16	17	18	19	20	21	22	23	24	25	26	27	28	29	30	31
2	Carlos Reutemann	Williams FW 07 C/17	1	1	1	1	1	1	1	1	1	1	1	1	1	1	1	1	1	1	1	1	1	1	1	1	1	1	1	1	1	1	1
1	Alan Jones	Williams FW 07 C/16	27	27	15	15	15	15	15	15	15	15	15	15	15	15	15	15	15	15	15	15	15	15	15	15	15	15	15	15	15	15	15
27	Gilles Villeneuve	Ferrari 126 CK/052	15	15	27	27	27	27	27	27	27	27	27	27	27	27	27	27	27	27	27	27	27	27	26	26	26	26	26	26	26	26	26
5	Nelson Piquet	Brabham BT 49 C/15	23	23	23	23	23	23	23	23	23	23	23	23	23	23	23	23	23	23	23	23	23	23	23	23	23	23	22	22	22	5	5
15	Alain Prost	Renault RE 34	2	7	7	26	26	26	26	26	26	26	26	26	26	26	26	26	26	26	26	26	26	26	22	22	22	22	5	5	5	2	2
7	John Watson	McLaren MP 4/4	7	2	26	7	7	7	7	7	7	7	7	7	7	7	7	7	7	7	7	7	7	5	5	5	5	5	7	7	2	12	12
25	Patrick Tambay	Talbot Ligier JS 17/05	26	26	2	2	2	2	2	2	2	2	2	2	2	2	2	2	5	5	5	5	5	7	7	7	7	7	2	2	12	23	23
23	Bruno Giacomelli	Alfa Romeo 179 C/04	5	5	5	5	5	5	5	5	5	5	5	5	5	5	5	5	2	22	22	22	22	22	2	2	2	2	12	12	7	29	29
12	Nigel Mansell	Lotus 87/5	12	12	12	22	22	22	22	22	22	22	22	22	22	22	22	22	22	2	2	2	2	2	12	12	12	12	29	29	29	4	4
22	Mario Andretti	Alfa Romeo 179 D/02	25	22	22	12	16	16	16	16	16	8	12	12	12	12	12	12	12	12	12	12	12	12	29	29	29	29	23	23	23	7	7
29	Riccardo Patrese	Arrows A 3 B/5	22	25	16	16	8	8	8	8	8	12	29	29	29	29	29	29	29	29	29	29	29	29	4	4	4	4	4	4	4	20	20
26	Jacques Laffite	Talbot Ligier JS 17/03	8	16	8	8	12	12	12	12	12	29	6	6	6	6	6	6	6	6	6	4	4	4	8	8	8	8	20	20	20	28	28
16	Rene Arnoux	Renault RE 35	16	8	3	3	3	28	28	28	28	28	28	28	28	28	28	4	4	4	4	8	8	8	20	20	20	20	28	28	28	36	36
8	Andrea de Cesaris	McLaren MP 4/1	6	3	28	28	28	29	29	29	29	6	4	4	4	4	4	28	20	20	8	20	20	20	36	28	28	28	36	36	36	8	8
11	Elio de Angelis	Lotus 87/3	3	29	29	29	29	3	3	3	6	3	20	20	20	20	20	20	8	8	20	36	36	36	28	36	36	36	8	8	8	14	14
6	Hector Rebaque	Brabham BT 49 C/12	29	6	6	6	6	6	6	6	3	4	36	36	36	36	8	8	36	36	36	6	28	28	14	14	14	14	14	14	14		
4	Michele Alboreto	Tyrrell 011/1	11	28	20	20	20	20	20	4	4	20	33	33	33	8	36	36	33	28	28	28	14	14									
28	Didier Pironi	Ferrari 126 CK/049 B	28	20	4	4	4	4	4	20	20	16	8	8	8	33	33	33	28	33	33	14											
3	Eddie Cheever	Tyrrell 011/2	20	36	36	36	36	36	36	36	36	36	14	14	14	14	14	14	14	14	14												
20	Keijo Rosberg	Fittipaldi F 8 C/3	36	4	33	33	33	33	33	33	33	33																					
32	Jean-Pierre Jarier	Osella FA 1 C/01	14	33	14	14	14	14	14	14	14	14																					
36	Derek Warwick	Toleman TG 181/03	4	14																													
33	Marc Surer	Theodore TY 01	33	11																													
14	Eliseo Salazar	Ensign MN 15																															

STARTAUFSTELLUNG

1 Alan Jones 1.17,995	2 Carlos Reutemann 1.17,821
5 Nelson Piquet 1.18,161	27 Gilles Villeneuve 1.18,060
7 John Watson 1.18,617	15 Alain Prost 1.18,433
23 Bruno Giacomelli 1.18,792	25 Patrick Tambay 1.18,681
22 Mario Andretti 1.19,068	12 Nigel Mansell 1.19,044
26 Jacques Laffite 1.19,167	29 Riccardo Patrese 1.19,152
8 Andrea de Cesaris 1.19,217	16 Rene Arnoux 1.19,197
6 Hector Rebaque 1.19,571	11 Elio de Angelis 1.19,562
28 Didier Pironi 1.19,899	4 Michele Alboreto 1.19,774
20 Keijo Rosberg 1.20,729	3 Eddie Cheever 1.20,475
36 Derek Warwick 1.21,294	32 Jean-Pierre Jarier 1.20,781
14 Eliseo Salazar 1.21,629	33 Marc Surer 1.21,430

ERGEBNISSE

1. Alan Jones	Williams FW 07 C	1:44.09,077 = 157,142 km/h
2. Alain Prost	Renault RE 34	1:44.29,125
3. Bruno Giacomelli	Alfa Romeo 179 C	1:44.29,505
4. Nigel Mansell	Lotus 87	1:44.56,550
5. Nelson Piquet	Brabham BT 49 C	1:45.25,515
6. Jacques Laffite	Talbot Ligier JS 17	1:45.27,252
7. John Watson	McLaren MP 4	1:45.27,574
8. Carlos Reutemann	Williams FW 07 C	74 Runden
9. Didier Pironi	Ferrari 126 CK	73 Runden
10. Keijo Rosberg	Fittipaldi F 8 C	73 Runden
11. Riccardo Patrese	Arrows A 3 B	71 Runden
12. Andrea de Cesaris	McLaren MP 4	69 Runden

SCHNELLSTE RUNDE (49. Runde)

Didier Pironi	Ferrari 126 CK	1.20,156 = 163,346 km/h

AUSFÄLLE

Jean-Pierre Jarier	Osella FA 1 C	1. Runde, Gelenkwelle
Elio de Angelis	Lotus 87	3. Runde, Wasserkühler
Patrick Tambay	Talbot Ligier JS 17	3. Runde, Unfall
Rene Arnoux	Renault RE 35	11. Runde, Motor
Eddie Cheever	Tyrrell 011	11. Runde, Motor
Marc Surer	Theodore TY 01	20. Runde, Hinterradaufhängung
Hector Rebaque	Brabham BT 49 C	21. Runde, Gasschieber
Gilles Villeneuve	Ferrari 126 CK	23. Runde, Einspritzung
Mario Andretti	Alfa Romeo 179 D	30. Runde, Hinterradaufhängung
Derek Warwick	Toleman TG 181	43. Runde, Getriebe
Eliseo Salazar	Ensign MN 15	62. Runde, Bremsen
Michele Alboreto	Tyrrell 011	68. Runde, Motor

2	33	34	35	36	37	38	39	40	41	42	43	44	45	46	47	48	49	50	51	52	53	54	55	56	57	58	59	60	61	62	63	64	65	66	67	68	69	70	71	72	73	74	75
1	1	1	1	1	1	1	1	1	1	1	1	1	1	1	1	1	1	1	1	1	1	1	1	1	1	1	1	1	1	1	1	1	1	1	1	1	1	1	1	1	1	1	1
5	26	26	26	26	26	26	26	26	26	26	26	26	26	15	15	15	15	15	15	15	15	15	15	15	15	15	15	15	15	15	15	15	15	15	15	15	15	15	15	15	15	15	15
6	5	5	5	5	5	5	5	5	5	5	5	5	5	26	26	26	26	5	5	12	12	12	12	12	12	23	23	23	23	23	23	23	23	23	23	23	23	23	23	23	23	23	23
5	12	12	12	15	15	15	15	15	15	15	15	15	15	5	5	5	5	26	12	5	5	23	23	23	23	12	12	12	12	12	12	12	12	12	12	12	12	12	12	12	12	12	12
2	2	2	15	12	12	12	12	12	12	12	12	12	12	12	12	12	12	12	26	23	23	5	5	5	5	5	5	5	5	5	5	5	5	5	5	5	5	5	5	5	5	5	5
2	15	15	2	2	2	2	2	2	2	2	2	2	2	23	23	23	23	23	23	26	2	2	2	2	2	2	7	7	7	7	7	7	7	7	7	7	7	7	7	7	7	7	26
3	23	23	23	23	23	23	23	23	23	23	23	23	23	2	2	2	2	2	2	2	7	7	7	7	7	7	2	2	2	2	2	2	2	2	2	2	26	26	26	26	26	26	7
4	7	7	7	7	7	7	7	7	7	7	7	7	7	7	7	7	7	7	7	7	26	26	26	26	26	26	26	26	26	26	26	26	26	26	26	26	2	2	2	2	2	2	
7	4	4	4	4	4	4	4	4	4	4	4	4	4	4	4	4	4	4	4	4	4	4	4	4	4	4	4	4	4	4	4	4	4	4	4	20	20	20	20	20	20		
9	20	20	20	20	20	20	20	20	20	20	20	20	20	20	20	20	20	20	20	20	20	20	20	20	20	20	20	20	20	20	20	20	20	20	20	28	28	28	28	28	28		
0	29	29	29	29	29	29	29	29	29	29	29	29	29	29	29	29	29	29	29	29	29	29	29	29	28	28	28	28	28	28	28	28	28	28	28	29	29	29	29				
8	28	28	28	28	28	28	28	28	28	28	28	28	28	28	28	28	28	28	28	28	28	28	28	28	29	29	29	29	29	29	29	29	29	29	29	8	8						
6	36	36	36	36	36	36	36	36	36	36	8	8	8	8	8	8	8	8	8	8	8	8	8	8	8	8	8	8	8	8	8	8	8	8	8								
8	8	8	8	8	8	8	8	8	8	8	14	14	14	14	14	14	14	14	14	14	14	14	14	14	14	14	14	14	14														
4	14	14	14	14	14	14	14	14	14	14																																	

WERTUNGSPUNKTE

Fahrer: Piquet 50, Reutemann 49, Jones 46, Laffite 44, Prost 43, Watson 27, Villeneuve 25, de Angelis 14, Arnoux 11, Rebaque 11, Patrese 10, Cheever 10, Pironi 9, Mansell 8, Giacomelli 7, Surer 4, Andretti 3, Tambay 1, de Cesaris 1, Borgudd 1, Salazar 1

Konstrukteure: Williams 95, Brabham 61, Renault 54, Talbot Ligier 44, Ferrari 34, McLaren 28, Lotus 22, Arrows 10, Alfa Romeo 10, Tyrrell 10, Ensign 5, Theodore 1, ATS 1

Fahrer-Weltmeisterschaft 1981

	USA 1, 15. März	Brasilien, 29. März	Argentinien, 12. April	San Marino, 3. Mai	Belgien, 17. Mai	Monaco, 31. Mai	Spanien, 21. Juni	Frankreich, 5. Juli	England, 18. Juli	Deutschland, 2. August	Österreich, 16. August	Niederlande, 30. August	Italien, 13. September	Kanada, 27. September	USA 2, 17. Oktober	**Punkte**
1. Nelson Piquet	4	–	9	9	–	–	–	4	–	9	4	6	1	2	2	**50**
2. Carlos Reutemann	6	9	6	4	9	–	3	–	6	–	2	–	4	–	–	**49**
3. Alan Jones	9	6	3	–	–	6	–	–	–	–	3	4	6	–	9	**46**
4. Jacques Laffite	–	1	–	–	6	4	6	–	4	4	9	–	–	9	1	**44**
5. Alain Prost	–	–	4	–	–	–	–	9	–	6	–	9	9	–	6	**43**
6. John Watson	–	–	–	–	–	–	4	6	9	1	1	–	–	6	–	**27**
7. Gilles Villeneuve	–	–	–	–	3	9	9	–	–	–	–	–	–	4	–	**25**
8. Elio de Angelis	–	2	1	–	2	–	2	1	–	–	–	2	3	1	–	**14**
9. Rene Arnoux	–	–	2	–	–	–	–	3	–	–	6	–	–	–	–	**11**
Hector Rebaque	–	–	–	3	–	–	–	–	2	3	–	3	–	–	–	**11**
11. Riccardo Patrese	–	4	–	6	–	–	–	–	–	–	–	–	–	–	–	**10**
Eddie Cheever	2	–	–	–	1	2	–	–	3	2	–	–	–	–	–	**10**
13. Didier Pironi	–	–	–	2	–	3	–	2	–	–	–	–	2	–	–	**9**
14. Nigel Mansell	–	–	–	–	4	–	1	–	–	–	–	–	–	–	3	**8**
15. Bruno Giacomelli	–	–	–	–	–	–	–	–	–	–	–	–	–	3	4	**7**
16. Marc Surer	–	3	–	–	–	1	–	–	–	–	–	–	–	–	–	**4**
17. Mario Andretti	3	–	–	–	–	–	–	–	–	–	–	–	–	–	–	**3**
18. Patrick Tambay	1	–	–	–	–	–	–	–	–	–	–	–	–	–	–	**1**
Andrea de Cesaris	–	–	–	1	–	–	–	–	–	–	–	–	–	–	–	**1**
Slim Borgudd	–	–	–	–	–	–	–	–	1	–	–	–	–	–	–	**1**
Eliseo Salazar	–	–	–	–	–	–	–	–	–	–	–	1	–	–	–	**1**

Internationaler Pokal für Formel-1-Konstrukteure 1981

	USA 1	Brasilien	Argentinien	San Marino	Belgien	Monaco	Spanien	Frankreich	England	Deutschland	Österreich	Niederlande	Italien	Kanada	USA 2	**Punkte**
1. Williams	15	15	9	4	9	6	3	–	6	–	5	4	10	–	9	**95**
2. Brabham	4	–	9	12	–	–	–	4	2	12	4	9	1	2	2	**61**
3. Renault	–	–	6	–	–	–	–	12	–	6	6	9	9	–	6	**54**
4. Talbot Ligier	–	1	–	–	6	4	6	–	4	4	9	–	–	9	1	**44**
5. Ferrari	–	–	–	2	3	12	9	2	–	–	–	–	2	4	–	**34**
6. McLaren	–	–	–	1	–	–	4	6	9	1	1	–	–	6	–	**28**
7. Lotus	–	2	1	–	6	–	3	1	–	–	–	2	3	1	3	**22**
8. Arrows	–	4	–	6	–	–	–	–	–	–	–	–	–	–	–	**10**
Alfa Romeo	3	–	–	–	–	–	–	–	–	–	–	–	–	3	4	**10**
Tyrrell	2	–	–	–	1	2	–	–	3	2	–	–	–	–	–	**10**
11. Ensign	–	3	–	–	–	1	–	–	–	–	–	1	–	–	–	**5**
12. Theodore	1	–	–	–	–	–	–	–	–	–	–	–	–	–	–	**1**
ATS	–	–	–	–	–	–	–	–	1	–	–	–	–	–	–	**1**